MARKETING DE VANTAGEM COMPETITIVA

www.saraivauni.com.br

LUCIANO SABÓIA LOPES FILHO
Contato com o autor: lsaboia@editorasaraiva.com.br

MARKETING DE VANTAGEM COMPETITIVA

2006

Editora Saraiva

Editora Saraiva

Av. Marquês de São Vicente, 1697 — CEP 01139-904
Barra Funda — Tel.: PABX (0XX11) 3613-3000
Fax: (11) 3611-3308 — Televendas: (0XX11) 3613-3344
Fax Vendas: (0XX11) 3611-3268 — São Paulo - SP
Endereço Internet: http://www.editorasaraiva.com.br

Filiais:

AMAZONAS/RONDÔNIA/RORAIMA/ACRE
Rua Costa Azevedo, 56 — Centro
Fone/Fax: (0XX92) 3633-4227 / 3633-4782 — Manaus

BAHIA/SERGIPE
Rua Agripino Dórea, 23 — Brotas
Fone: (0XX71) 3381-5854 / 3381-5895 / 3381-0959 — Salvador

BAURU/SÃO PAULO
(sala dos professores)
Rua Monsenhor Claro, 2-55/2-57 — Centro
Fone: (0XX14) 3234-5643 — 3234-7401 — Bauru

CAMPINAS/SÃO PAULO
(sala dos professores)
Rua Camargo Pimentel, 660 — Jd. Guanabara
Fone: (0XX19) 3243-8004 / 3243-8259 — Campinas

CEARÁ/PIAUÍ/MARANHÃO
Av. Filomeno Gomes, 670 — Jacarecanga
Fone: (0XX85) 3238-2323 / 3238-1331 — Fortaleza

DISTRITO FEDERAL
SIG Sul Qd. 3 — Bl. B — Loja 97 — Setor Industrial Gráfico
Fone: (0XX61) 3344-2920 / 3344-2951 / 3344-1709 — Brasília

GOIÁS/TOCANTINS
Av. Independência, 5330 — Setor Aeroporto
Fone: (0XX62) 3225-2882 / 3212-2806 / 3224-3016 — Goiânia

MATO GROSSO DO SUL/MATO GROSSO
Rua 14 de Julho, 3148 — Centro
Fone: (0XX67) 3382-3682 / 3382-0112 — Campo Grande

MINAS GERAIS
Rua Além Paraíba, 449 — Lagoinha
Fone: (0XX31) 3429-8300 / 3429-8310 — Belo Horizonte

PARÁ/AMAPÁ
Travessa Apinagés, 186 — Batista Campos
Fone: (0XX91) 3222-9034 / 3224-9038 / 3241-0499 — Belém

PARANÁ/SANTA CATARINA
Rua Conselheiro Laurindo, 2895 — Prado Velho
Fone: (0XX41) 3244-4894 — Curitiba

PERNAMBUCO/ ALAGOAS/ PARAÍBA/ R. G. DO NORTE
Rua Corredor do Bispo, 185 — Boa Vista
Fone: (0XX81) 3421-4246 / 3421-4510 — Recife

RIBEIRÃO PRETO/SÃO PAULO
Av. Francisco Junqueira, 1255 — Centro
Fone: (0XX16) 3610-5843 / 3610-8284 — Ribeirão Preto

RIO DE JANEIRO/ESPÍRITO SANTO
Rua Visconde de Santa Isabel, 113 a 119 — Vila Isabel
Fone: (0XX21) 2577-9494 / 2577-8867 / 2577-9565 — Rio de Janeiro

RIO GRANDE DO SUL
Av. Ceará, 1360 — São Geraldo
Fone: (0XX51) 3343-1467 / 3343-7563 / 3343-2986 / 3343-7469
Porto Alegre

SÃO JOSÉ DO RIO PRETO/SÃO PAULO
(sala dos professores)
Av. Brig. Faria Lima, 6363 — Rio Preto Shopping Center — V. São José
Fone: (0XX17) 227-3819 / 227-0982 / 227-5249 — São José do Rio Preto

SÃO JOSÉ DOS CAMPOS/SÃO PAULO
(sala dos professores)
Rua Santa Luzia, 106 — Jd. Santa Madalena
Fone: (0XX12) 3921-0732 — São José dos Campos

SÃO PAULO
Av. Marquês de São Vicente, 1697 — Barra Funda
Fone: PABX (0XX11) 3613-3000 / 3611-3308 — São Paulo

ISBN 85-02-05599-2

CIP-BRASIL CATALOGAÇÃO NA FONTE
SINDICATO NACIONAL DOS EDITORES DE LIVROS, RJ

Lopes Filho, Luciano Sabóia
Marketing de vantagem competitiva / Luciano Sabóia Lopes Filho. — São Paulo : Saraiva, 2006.

ISBN 85-02-05599-2

1. Marketing 2. Concorrência I. Título.

05-4005 CDD-658.8
CDU-658.8

Diretor editorial: Henrique Farinha
Gerente editorial: Henrique Félix
Editor: Marcio Coelho
Rita de Cássia da Silva
Produção editorial: Viviane Rodrigues Nepomuceno
Marketing editorial: Diana Alcantara Nastri Cerveira
Aquisições: Eduardo Viegas Meirelles Villela
Arte, produção e capa: Verbal Informação e Cultura Ltda.

Dedico este livro a todos os meus alunos e colegas, aos professores da FGV-EAESP e da UniFMU, aos empresários e profissionais de empresas. São vocês que me incentivam e propiciam o desafio e a vigília constantes para o contínuo aprendizado de minha vida e carreira profissional.

Sem essa troca de informações e esse aprendizado, seria impossível realizar este trabalho.

À minha família, que, com o sacrifício diário, tem me guiado e me mostrado o caminho certo.

A meu pai e minha mãe (*in memoriam*), por terem me influenciado na perseverança e na obstinação de perseguir os objetivos que sempre desejei alcançar na vida.

A todos, sou eternamente grato.

AGRADECIMENTOS

Nossa maior glória não é nunca cair, mas levantar sempre, toda vez que caímos.

Confúcio

Meus agradecimentos a todos os meus colegas professores do Departamento de Marketing e funcionários da FGV-EAESP. Aos professores Sheyla Marcondes e André T. Urdan, pelo carinho e incentivo.

Aos colegas de outras universidades e faculdades, em particular aos da UniFMU, da BSP, do INPG (na pessoa do professor José Leônidas Olinquevich) e da USP, aos das consultorias para empresas privadas e aos que exercem atividades como gerentes e diretores de multinacionais, pelas críticas e troca de informações constantes durante minhas preleções, palestras internacionais e consultorias.

Minha gratidão aos meus alunos dos cursos de pós-graduação e graduação na FGV-EAESP e dos cursos para executivos do GVPEC e de outras escolas de administração, que estiveram comigo nesses 25 anos, incentivando e contribuindo para o debate dos conceitos e das aplicações aqui apresentados. Não fossem vocês, esta obra estaria incompleta.

SOBRE O AUTOR

Luciano Sabóia Lopes Filho é engenheiro químico, doutor (PhD) em Administração de Empresas pela Fundação Getúlio Vargas (FGV–EAESP) na área de Competitividade. Seus estudos estão centrados na vantagem competitiva das empresas, sendo uma das lideranças da FGV–EAESP neste campo. É mestre pela Michigan State University na área de Marketing.

Desde 1983, é professor do Departamento de Marketing da Escola de Administração de Empresas da FGV. É professor da UniFMU desde 1990.

Coordenador e professor dos cursos para executivos GVPEC, da pós-graduação e da graduação da FGV–EAESP. Professor da cadeira de Marketing de Vantagem Competitiva.

Iniciou sua carreira profissional como representante de vendas de produtos de material de construção em empresa de sua família. Posteriormente, atuou como engenheiro químico de processo de fabricação e controle de qualidade na DuPont do Brasil. Foi engenheiro de produção de resinas e laminados plásticos na Companhia Química Industrial de Laminados – Formiplac.

Após o mestrado nos Estados Unidos, na área de Marketing, foi gerente de pesquisa de mercado e gerente de produto (Pfizer), gerente de marketing (Akzo Nobel/Sikkens), gerente de divisão (Tintas Coral/ICI), diretor geral (Sunbeam Anticorrosivos/Oxymetal & Metallgesellschaft AG.), diretor superintendente comercial (Santher – papel higiênico/embalagem industrial e exportação). Pela Akzo Nobel, trabalhou em Amsterdam, Londres, Stuttgard, Mannheim e Paris.

Desde 1995, é presidente da Accurate Marketing Consultants, com clientes como: Bacardi/Martini Rossi, Votorantim Celulose e Papel, Mappin, Refinaria de Açúcar do Nordeste, Makron Books, Têxtil São Jorge, Union

Carbide, Bombril, Arisco, Cerâmica Gyotoko, Case New Holland (CNH), Lorenzetti, Norsa (Coca-Cola/Kaiser) e outros.

Contribui com artigos nos principais jornais e revistas de São Paulo. Palestrante de congressos e eventos nacionais e internacionais pelo Banco Interamericano de Desenvolvimento (BID). É também professor e colaborador da Universidade de São Paulo (USP), do Instituto Nacional de Pós-Graduação (INPG), da Business School São Paulo (BSP), da FAE Business School de Curitiba e da Universidade Federal de Pernambuco (UFPE).

APRESENTAÇÃO

Este livro destina-se a líderes executivos de marketing, empresários, diretores, gerentes, professores e alunos de pós-graduação que sejam ambiciosos por mudanças e queiram ser competitivos no mercado de trabalho bem como aos funcionários ousados que aceitam inovações contínuas em suas empresas na era digital.

Depois da leitura, você provavelmente perceberá o desafio que tem de enfrentar, tanto em sua vida profissional quanto em relação à sua empresa.

Não haverá lugar para aquele que, em algum momento, imaginar o *status quo*, quer esteja colaborando com uma organização, quer esteja no mercado de trabalho.

O livro *Marketing de vantagem competitiva* apresenta um modelo-guia estratégico para melhorar a competitividade das empresas brasileiras. É bastante ilustrativo e orientador para os profissionais que ousam mudar o marketing tradicional, mas não sabem como iniciar essa difícil tarefa nem de que forma devem implementar as mudanças, qual a finalidade delas e que tipo de resultados devem buscar e alcançar.

Essas indagações são apresentadas em uma seqüência lógica, utilizando-se muitas técnicas da administração moderna que já são aplicadas internacionalmente, porém boa parte delas ainda está em fase introdutória nas empresas nacionais.

A questão não é falta de habilidade dos executivos de marketing brasileiros para operacionalizar novas técnicas. As mudanças econômicas turbulentas, a política cambial, o sistema tributário, a abertura de mercado e a dinâmica financeira mundial — puxados muitas vezes por ambientes políticos de decisões conflitantes — é que provocam mudanças drásticas e dificultam a administração de nossas empresas.

Procuramos, portanto, responder as indagações, respeitando o precioso tempo do leitor e sua paciência para ler. Neste momento do século XXI, quando somos bombardeados por informações provenientes de várias fontes mundiais e precisamos tomar decisões em tempo real, aprender rapidamente passou a ser uma necessidade. Entretanto, é preciso cautela para não considerarmos que estamos cientes de tudo, quando, de fato, tivemos uma breve compreensão ou ouvimos falar de um determinado conceito ou metodologia. Por isso, as idéias foram apresentadas de modo simples e fluente neste livro e, em um dia ou em breves horas de vôo ou de espera em aeroportos, você poderá tirar proveito delas.

A **primeira parte** mostra como as inevitáveis forças de mudança impulsionam as empresas a serem continuamente competitivas. Essas forças globalizadas, produto dos novos recursos do mundo digital (tempo, espaço e não–matéria), estão sendo catalisadas pelo sistema de telecomunicação móvel brasileiro integrado ao mundo (recurso tempo). Esse sistema, por sua vez, abre caminho para a informatização móvel (recurso espaço) e propicia serviços intangíveis, ágeis e eficientes (recurso não–matéria) a empresas, clientes e indivíduos em geral, em qualquer parte do globo.

Esse é o alicerce do nosso modelo do marketing de vantagem competitiva. Antes, porém, fazemos uma breve retrospectiva às épocas em que os negócios no Brasil eram menos competitivos e dinâmicos que nos dias atuais.

Na **segunda parte**, avançamos na busca de uma proposta conceitual para as empresas brasileiras tornarem-se e manterem-se continuamente competitivas. Ela apresenta uma visão da estrutura gráfica do modelo-guia do marketing de vantagem competitiva.

Por fim, na **terceira parte**, é levantada a questão operacional da empresa brasileira, à luz dessa estrutura, com a proposta de um guia orientativo do marketing de vantagem competitiva que compreende decisões em quatro fases:

1. Estabelecimento de um compromisso com o cliente/consumidor na entrega contínua de um produto/serviço (sempre) de valor superior em relação aos competidores.

2. Definição das estratégias do marketing de vantagem competitiva que ofereçam valor superior continuamente, em âmbito global.
3. Identificação das fontes de busca e manutenção de valor superior do marketing de vantagem competitiva na organização.
4. Determinação das técnicas administrativas que se devam empreender na busca contínua de valor superior do marketing de vantagem competitiva.

Nas técnicas administrativas, no que tange a tecnologia das "alianças estratégicas de vantagens competitivas" e "organização horizontal"– pilares que sustentam o marketing de vantagem competitiva –, foram abertos capítulos à parte. Entendemos que a maioria das empresas brasileiras é carente de tecnologia por causa da vocação protecionista e do pouco investimento em pesquisa e desenvolvimento (P&D), se compararmos com outros países. Daí o grande receio pela maior abetura do nosso mercado. A busca da tecnologia avançada por meio da negociação de parte das ações de nossas empresas com empresas estrangeiras é possivelmente o preço que pagaremos por ainda não termos investido adequadamente em nossa própria tecnologia, salvo raras exceções.

A abertura gradual de mercado oferece ao consumidor e à sociedade maior oferta de produtos avançados tecnologicamente, menor produção interna, porém maior oferta de mão-de-obra no comércio.

O país passa a focar a produção naquilo em que é eficiente e competitivo. Produz e vende a preços competitivos (ou *premium*), propiciando também a aplicação de um marketing moderno com vantagem competitiva.

Ao contrário, os mercados fechados se traduzem em alta produção e pouca oferta de produtos tecnologicamente avançados, em uma socieade com poucas opções de compras, menos exigente e competitivamente vulnerável à economia global, com um marketing frágil, conservador, com a prática de produtos com longa obsolência tecnológica.

PREFÁCIO

Este livro propõe um modelo-guia de estratégias do marketing de vantagem competitiva para orientar empresas brasileiras a serem mais competitivas e globalizadas em uma seqüência lógica. Conduz à visão de que as empresas brasileiras podem se equiparar a qualquer empresa de país desenvolvido e exportar grande parte de seus produtos, sem receio de competir em mercados globais. A receita conceitual que se aborda, para as empresas tornarem-se competitivas e globalizadas, depende muito mais da estratégia interna de sua estrutura organizacional, ou seja, da própria eficiência de seus diretores e líderes executivos e colaboradores em geri-las, que de infra-estruturas governamentais, políticas de incentivos, favorecimentos, desvalorização cambial e épocas de crescimento econômico gratificante.

É exatamente nesse tipo de visão e de mentalidade estratégica de competir que as empresas brasileiras estão adormecidas. Portanto, é chegado o momento de elas contribuírem consigo mesmas. Olharem para o próprio umbigo. Embora muitos empresários brasileiros percebam, e alguns já tenham caminhado nesse rumo, pouca ação tem sido empreendida em relação ao desenvolvimento, à busca e à elaboração de planos estratégicos voltados para uma das três estratégias centrais do marketing de vantagem competitiva que realmente se traduzam em vantagens competitivas superiores, tanto a curto quanto a médio prazo, para que as empresas brasileiras se tornem competitivas em âmbito global.

A sociedade brasileira já está saturada de pagar, com impostos, a conta das ineficiências empresariais e parlamentares e ainda ouvir dos empresários reclamações de políticas cambiais inadequadas, estrutura logística portuária deficiente, custos sociais relevantes, tímidos programas de financiamentos pelo Banco Nacional de Desenvolvimento Social (BNDS), políticas fiscal e tributária sufocantes, privatizações incorretas e enxugamento da máquina governamental. As lamúrias procedem, porém é chegado o momento de os empresários dirigirem a atenção para dentro de suas próprias empresas e reavaliarem seu potencial de competitividade. Este livro faz uma reflexão de tudo isso.

É claro que essa pesada carga de infra-estruturas logística e tributária, comparada às de muitos países desenvolvidos, deixa-nos distantes na corrida competitiva. Entretanto, os custos econômicos e sociais e a carga tributária do governo não são as únicas prerrogativas para não tornar nossas empresas competitivas e globalizadas. Falta também um marketing de vantagem competitiva de visão global e de aplicação responsável nas empresas brasileiras para que elas possam atuar sem receio nos segmentos de mercados globais nos quais nos sentimos fortemente competitivos.

Se todos esses fatores governamentais fossem ajustados pelo Executivo e pelo Legislativo, ficaria difícil saber que outro tipo de solicitação o empresariado brasileiro reivindicaria. É preferível culpar a inoperância alheia à nossa própria miopia.

É lógico que as cargas tributárias e sociais, assim como as estruturas logísticas e portuárias brasileiras, têm que ser revistas para conseguirmos uma certa equiparação com os países desenvolvidos. Mas nossas empresas também precisam fazer a parte delas no que se refere a estratégias de vantagem competitiva e estruturas administrativas, definindo metas realistas, *core* competências e capacidades centrais ou essenciais, implantando modelos estratégicos de vantagens superiores, estruturas organizacionais processuais/horizontais e profissionalizantes para fazerem face à nova era digital da competição e criarem produtos e serviços com o objetivo de oferecerem valor aos seus clientes/consumidores locais e globais. É preciso acabar com a cultura do lucro ao curto prazo e incorporar o pensamento do lucro a médio e longo prazos.

Na verdade, estamos longe da cultura do "valor", já digerida por muitos países exportadores com empresas altamente competitivas. Enxugar pessoal, reduzir divisões ou departamentos e achatar níveis hierárquicos não são medidas suficientes. A maioria das empresas sabe que a realidade é outra, porém não há uma compreensão por parte de nossos diretores e executivos de marketing a respeito da forma pela qual devem ser criadas estruturas que agreguem valor continuamente para se alcançarem os objetivos finais da vantagem competitiva e do lucro.

Os parâmetros macroeconômicos, imperativos no passado e ainda muito presentes à luz de economistas, não definirão a competitividade das exportações a médio e longo prazos nem a melhoria do faturamento e da lucratividade de nossas empresas. Hoje, no mundo globalizado digital, predominam os fatores microeconômicos internos da empresa, e são nas vantagens desses fatores que buscaremos divisas internacionais para fortalecermos nossa economia global e reduzirmos as dívidas interna e externa.

No mundo de ontem, recursos competitivos como mão-de-obra barata, riquezas naturais em abundância, empréstimos a perder de vista, juros convidativos, câmbio subsidiado, entre outros, eram os principais fatores que incentivavam e propiciavam, quer por empresas estatais, quer por empresas privadas, a busca de divisas econômicas externas. Esse modelo se auto-esgotou em razão dos elevados custos sociais.

No momento, os microfatores internos (que são as excelências organizacional e operacional, além das estratégias do marketing de vantagem competitiva bem definidas, por parte das empresas privadas) e a utilização dos micro recursos competitivos externos (tempo, espaço e não-matéria), ainda não percebidos por muitos executivos, são os veículos que trarão divisas a médio e longo prazos para o fortalecimento da balança comercial e da economia brasileira na era digital.

É fundamental alinhar a esses recursos a estrutura moderna do sistema globalizado de telecomunicação móvel, interligada e conectada com as *infoways* mundiais e, por conseguinte, com as empresas. Essa estrutura, a princípio, provoca o desemprego, mas a médio e longo prazos gera postos de trabalho.

O protecionismo indireto de mercado, por meio de altas taxas cambiais, é frontalmente vulnerável ao poder desses três recursos mundiais. Diga-se, a propósito, que **tempo, espaço** e **não–matéria** são os novos recursos econômicos intangíveis da era digital para o marketing de vantagem competitiva fluir eficaz e eficientemente. São também responsáveis pelo desemprego mundial, pela globalização de mercado, pelas redes de computadores que interligam e conectam organizações do mundo todo, pelas decisões em tempo real, pela propagação da tecnologia dos sistemas da informatização (TI) e pelo desmoronamento da hierarquia empresarial no plano gerencial.

Não faz sentido burocratizar toda rede informatizada com hierarquias administrativas. A corporação horizontal é a estrutura organizacional que se ajusta à avalanche tecnológica móvel.

Portanto, a proposta deste livro é exatamente orientar, de forma estratégica, na utilização e na condução desses recursos intangíveis, a fim de tornar nossas empresas sólidos grupos competitivos, representativos internacionalmente, que tragam divisas para a balança comercial brasileira.

É preciso desenvolver programas sérios e sólidos a médio e longo prazos, com suporte governamental de infra-estrutura, sabiamente planejados, para, assim, criarmos os nossos *chaebols*,[1] sem os erros e defeitos coreanos, e atuarmos sem receio no mundo globalizado, gerando, ao mesmo tempo, divisas nacionais[2] para nossa sociedade.

1 Os *chaebols* Hunday, Samsung, LG e 40 outros são os grandes grupos emergentes, ágeis e competitivos, mundialmente geradores de divisas externas para a Coréia.

2 Setor de papel e celulose, setor da construção pesada (Norberto Odebrechet), setores de alimentos e agropecuária (Sadia), setor da comunicação (Organizações Globo), Companhia Vale do Rio Doce, Usiminas, Embraer e outros. Esses são alguns exemplos brasileiros competitivos e geradores de divisas nacionais no momento.

SUMÁRIO

INTRODUÇÃO

Paralelo entre o marketing tradicional e o marketing de vantagem competitiva

O marketing tradicional tem sido a prática-padrão utilizada na maioria das empresas, no Brasil e em outros países. Entretanto, ao analisarmos o marketing das empresas de sucesso hoje, no mundo globalizado e digital, constatamos diferenças gritantes e bem acentuadas.

Elas praticam algo muito além da tradição de satisfazer clientes/consumidores. O foco de suas ações está voltado para vencer a competição e obter vantagens sobre as empresas rivais. Para isso, inovam, criam filosofias e um estado de espírito organizacional permeado em toda a cadeia de valor. Assim obtêm vantagens competitivas duradouras, calcadas nos seus *core competences* e *core capabilities*.

Trata-se de uma visão bem mais ampla da prática do marketing tradicional, pois antecipa as necessidades dos clientes/consumidores de forma precisa, com base unicamente nos atributos de valor que eles estão dispostos a pagar dentro de uma paridade de preços.

As empresas de sucesso também criam e reformulam continuamente o planejamento e o desenvolvimento de seus serviços, porque são conscientes da crença de sua rápida cópia e obsolência. Sabem que os serviços oferecidos por elas são extraordinários hoje, mas amanhã serão ordinários e obsoletos, estarão ao alcance dos competidores.

Por esse motivo elas inovam continuamente. Fazem previsão das necessidades dos clientes/consumidores, detectando o que eles imaginam querer.

Entretanto, cientes de que eles sabem o que querem, mas ainda não sabem como querem, oferecem várias opções, entrando na rota do *expeditionary marketing*, canibalizando seus próprios produtos ou serviços.

Toda essa dinâmica é provocada pelas forças incontroláveis de mudanças que geram gamas de informações e incertezas das mais variadas fontes aos clientes/consumidores nas suas decisões de compra.

Hoje, no campo mercadológico, só temos como certo as incertezas do próprio mercado. O marketing de vantagem competitiva que o autor defende foi criado e desenvolvido dentro do clima de incerteza, procurando minimizar riscos de decisões tomadas por profissionais líderes na área de marketing que queiram mudar radicalmente seus conceitos enraizados para um diferente e novo marketing.

Sair da visão do marketing tradicional exercido por chefias, que querem o *status quo* para não correrem riscos, e mudar para a visão de líderes que inovam continuamente o *modus operandi* de competir das organizações é, para muitos, uma colisão de objetivos.

O marketing de vantagem competitiva é para inovadores, pois assegura confiança e firmeza nas informações, estratégias e ações operacionais e táticas, bem como no monitoramento de resultados. Esta é a proposta deste livro. Dar-lhe segurança para aplicar um conceito ousado de um novo marketing, seja você um diretor, um executivo, professor ou aluno.

Estamos convictos de que, ao ler este livro, obterá os resultados frutíferos exigidos por sua empresa, universidade ou escola, pois ele é uma espécie de guia para os ousados e modernos profissionais de marketing.

Hoje, as empresas que praticam o marketing tradicional não saem do esquema de utilização dos quatro Ps (produto/serviço, preço, promoção, ponto de distribuição). Elas exploram e confundem públicos-alvo com "segmentos de mercado". Público-alvo e segmento de mercado não expressam o desenvolvimento de um produto adequado com base nas mutações e evoluções dos *clusters* de preferência dos atributos e benefícios das necessidades de clientes/consumidores.

As empresas também não sabem se a causa de os produtos não satisfazerem plenamente seus clientes/consumidores é um problema de integração ou falta de liderança e conhecimento na área de marketing. Também pode ser proveniente da visão fragmentada do trabalho entre as áreas de marketing, desenvolvimento de produto e fabricação. Elas não visualizam como um processo horizontal em forma de cadeia de valor pode gerar frutos para o cliente/consumidor no conceito *on demand*.

As empresas que praticam o marketing tradicional também comunicam o posicionamento de seus produtos no mercado com frases de impacto. Não observam o principal atributo de valor para seus clientes/consumidores no *cluster* de preferência e que deveria ser escolhido como ingrediente forte para consolidar o posicionamento no mercado do produto/serviço ofertado.

Os gerentes de produtos/serviços deixam, em grande parte por questões de insegurança de conhecimento, o posicionamento de seu produto a cargo das agências de propaganda. A criação da imagem da marca fica por conta da intensidade dos programas de mídia veiculados, até que se constate nas pesquisas um bom *share of mind* da marca ou do comercial, mas não a medição da intenção de compra pelos consumidores que demanda o comercial.

Esses gerentes de produtos são influenciados pelo orgulho dos homens de criação das agências de propaganda, cujo pensamento está centrado no marketing tradicional, que não agrega valor para o cliente/consumidor. É notório que o cliente/consumidor brasileiro evoluiu muito mais rápido que o nosso marketing, criando um *gap* enorme entre este e o que praticamos em termos de marketing hoje.

É preciso rever, criar e recomeçar todo um processo mercadológico numa visão ampla e profunda do que sabemos. Refletir sobre a eficiência do nosso tradicionalismo mercadológico.

A marca, no final da década de 1990, tinha um valor relevante na compra e venda de empresas. Porém, com a competição global, a obsolência rápida dos produtos, a cópia imediata pelos concorrentes, as rupturas tecnológicas inesperadas, as novas opções de consumo pelos clientes, ela atinge hoje patamares inferiores em relação ao passado. O mercado de eletrônicos, o de telefonia digital e o automobilístico são uma demonstração desse movimento e também contribuintes da volatilidade das marcas.

Hoje, no mundo global, para a consolidação da marca, vale o binômio do **conceito de valor**: percepção dos atributos de benefício do produto *versus* a paridade do preço cobrado. E o **relacionamento** estabelecido entre empresa-cliente-consumidor.

A marca não é mais criada pela retenção da imagem na mente dos consumidores, mas sim pelo respeito, pela transparência, pela confiabilidade e pela responsabilidade sobre o que ela vende e informa. Também pelo compromisso de atendimento, pela garantia incondicional que fatalmente conduz, sem esforços, à fidelização do cliente pela empresa e por sua marca.

O cliente/consumidor, hoje, deseja interagir socialmente e virtualmente com a empresa. Deseja exclusividade, personalização, customerização, conveniência por canal de compra, *on-line* ou *off-line*, para tomar as melhores decisões em sua compra. É esse o elo forte entre a empresa e o cliente para consolidação e construção da marca. Consolidar e reter o portfólio de seus clientes é o maior patrimônio das empresas atualmente. A propaganda, quando solicitada, deve compartilhar o binômio citado (valor e relacionamento). Todas essas mudanças alteram o marketing tradicional. Seus antigos adeptos se sentem questionados, porque elas mexem com seus truques, malabarismos, mágicas e soluções ilusionistas jocosas, que visam persuadir uma sociedade que quer informações seguras, seriedade, maturidade de ações públicas e políticas e que almeja melhorias contínuas de produtos e serviços confiáveis e responsáveis.

Embora muitas das empresas que praticam o marketing tradicional alcancem seus objetivos e metas de vendas, os resultados não traduzem todo o esforço mercadológico, quando se analisa o retorno do lucro alcançado com suas vendas. Os esforços estratégicos empregados pelos quatro Ps já não respondem tão bem como antes porque o *gap* é cada vez maior.

A proposta do marketing de vantagem competitiva é fazer um comparativo do que é necessário combinar para obter retornos nos lucros de acordo com os esforços do todo da empresa.

Para facilitar a compreensão e a elucidação do conteúdo teórico deste livro, comparamos a teoria do marketing de vantagem competitiva com a do marketing tradicional, utilizando as etapas do processo universal de planejamento de "tomar decisões", que trouxemos para a área do marketing da empresa. O processo universal corresponde a:

1. Coleta de informações, análise das informações, filtragem do que é relevante nas informações.
2. Definição dos "objetivos e metas" com base nas informações relevantes filtradas.
3. Desenvolvimento das estratégias (alternativas) para chegarmos aos objetivos e metas propostos.
4. Determinar o plano operacional de ação usando a(s) estratégia(s) ou as alternativa(s) escolhidas para atingir os objetivos e metas.
5. Monitorar os resultados operacionais das ações e seus custos financeiros de 1, 2, 3 e 4.

Com base no processo universal do "planejamento em tomar decisões" aqui descrito, podemos ter a visão comparativa entre os dois marketings. Deixamos para o leitor, já envolvido, conhecedor do assunto e que lida com a área de marketing, fazer sua própria análise, balanceando seus conhecimentos entre as duas propostas. A nossa, do marketing de vantagem competitiva, e a do marketing tradicional, que ainda permanece muito aplicado no dia-a-dia de nossas empresas e no meio acadêmico. O quadro a seguir expõe nitidamente a diferença das duas propostas.

Planejamento das decisões

Marketing tradicional

(visão unicamente de concorrência a curto e médio prazos, não de competitividade)

1. Busca informações sobre:
   - ✓ Qual a política de preço da concorrência? Quais são as ações no ponto de venda da concorrência? Que regiões de vendas atuam com preços predatórios?
   - ✓ Quais são as campanhas promocionais e seus segmentos e posicionamentos de mercado?
   - ✓ Concentra esforços em melhorias de produtos, extensão de linha?
   - ✓ Usa CRM no monitoramento do comportamento de clientes/consumidores?

2. Objetivos (sempre):
   - ✓ Aumentar as vendas e a participação de mercado com produtos e serviços que satisfaçam as necessidades dos clientes consumidores.

3. Definir as estratégias do *marketing mix* (4Ps):
   - ✓ Selecionar alternativas de ataque ou defesa via emprego simples ou múltiplos das variáveis do *marketing mix:* a) produto/serviços; b) preço; c) promoção; d) ponto de distribuição e da segmentação de mercado, para atingir os objetivos de venda.

4. Plano operacional de ações para suporte das estratégias:
   - ✓ Selecionar sem analisar com critério custos e a rentabilidade das ações do *marketing mix* como: a) produto (volume de estoque, *design* de embalagens, diferenciações cosméticas, extensão demasiada de linha de produtos); b) preço (descontos, bonificações, prazos de venda exagerados); c) promoção (gastos com esforços promocionais e com resultados duvidosos); d) ponto de distribuição (logística de distribuição ampla sem análise dos custos).
   - ✓ Segmentações muitas vezes desnecessárias, sem estudo aparente.

5. Monitorar resultados operacionais e financeiros de 2, 3 e 4.

do processo de marketing

Marketing de vantagem competitiva
(visão de competitividade contínua e sempre a longo prazo)

1. Busca informações sobre:
   - ✓ Quem hoje oferece mais atributos/benefícios do produto/serviço, ou seja, **valor** econômico ao cliente/consumidor? E de que forma entrega este valor?
   - ✓ O **valor** é percebido pelos clientes consumidores?
   - ✓ Qual a paridade do preço que o cliente está disposto a pagar nos segmentos em que atuamos?

2. Objetivos (sempre):
   - ✓ Ofecerer **valor** continuamente aos clientes/consumidores, extendendo o conceito em toda a organização e em sua **cadeia de valor** para atingir os objetivos de aumentar as vendas e a participação, utilizando como veículo os 4Ps: produto/serviço, preço, promoção, ponto de distribuição.
   - ✓ Estabelecer um relacionamento interativo de transparência, diálogo, compromisso, lealdade, garantia e credibilidade com o cliente, no que vende e informa, para consolidar a construção da marca.

3. Definir as estratégias centrais de vantagem competitiva de marketing para oferecer valor, são elas:
   - ✓ Liderança do melhor produto no segmento em que atua.
   - ✓ Excelência em operar a empresa sempre ao mais baixo custo no segmento em que atua.
   - ✓ Estratégia de intimidade com o cliente.

4. Plano operacional de ação para suporte das estratégias do marketing de vantagem competividade:
   - ✓ Planejar e desenvolver: *core competence, core capability,* plano estratégico empresarial com base nas estratégias centrais.
   - ✓ Administrar integralmente a sua cadeia de valor.
   - ✓ Operar em uma organização horizontal. Desenvolver líderes e não chefias.
   - ✓ Familiarizar e introduzir uso de tempo, espaço e não-matéria como os recursos do marketing moderno e competitivo.

5. Monitorar resultados operacionais e os custos financeiros de 2, 3 e 4.

1

Tempo, espaço e não-matéria: os recursos modernos do marketing de vantagem competitiva na era globalizada e digital

Até o início da década de 1970, as decisões dos executivos brasileiros, em sua maioria, eram tomadas sob o regime de "quase certeza". Ou seja, os investimentos programados tinham retorno praticamente assegurado. Os riscos das empresas eram mínimos e o desempenho dos negócios, compensador, se comparados com os dias atuais.

O protecionismo do governo alinhado à forte demanda era maior que a oferta de produtos no mercado. Embora o número de concorrentes internos fosse pequeno, os principais recursos da "vantagem competitiva" entre as empresas, nessa década, englobavam baixo custo de matéria-prima, mão-de-obra barata e um certo grau de desenvolvimento tecnológico no processo de produção, além da localização estratégica do parque fabril.

Vivíamos o auge da "Revolução Industrial" dos investimentos modernos em automação, quando a indústria absorvia matéria-prima e mão-de-obra baratas em abundância, transformado-as em produtos tangíveis. O setor bancário era o mercado de serviços de maior magnitude, compondo, juntamente com o comércio varejista, o lado intangível da economia da época.

Após 1973, a Guerra do Petróleo veio a despertar a valorização de todas as matérias-primas de origens mineral, agrícola e animal, e não apenas a do petróleo. Elas passaram a ser caras, oscilantes em termos de preço e incertas no que se refere ao fornecimento. De um clima de "quase certeza", antes presente nas tomadas de decisão das empresas, chegou-se a um ambiente de "total incerteza". O modelo de vantagem competitiva nas organizações que se estabeleceram estrategicamente em países de recursos naturais abundantes e mão-de-obra barata começou a ser abalado e discutido.

O sistema monetário internacional pós-1973 não teve outra alternativa senão emitir valores monetários para pagar os preços cada vez mais altos cobrados pelas matérias-primas, puxados principalmente pelo petróleo.

Tornava-se difícil estabelecer um padrão de controle de emissão de moeda forte que pudesse conter a escalada totalmente incerta dos preços internacionais de matérias-primas.

O excesso de liquidez de dinheiro do sistema financeiro internacional(1) propiciou facilidades de crédito aos países subdesenvolvidos ou em desenvolvimento, ao mesmo tempo atribuindo-lhes responsabilidade de avalistas dessas emissões sem lastro, oriundas dos países desenvolvidos, cujos déficits na balança comercial eram preocupantes.

México, Argentina, Brasil e muitos outros países de ricas reservas naturais, que formavam a base competitiva da época, nos quais se observava certa estabilidade política, foram avalistas desse dinheiro impresso a ser pago dentro de uma carência de um bom número de anos.

Vencida a carência dos empréstimos, a situação econômica desses países ficou difícil de ser administrada. Juros internacionais e inflação altos, constantes reajustes salariais, por causa da pressão exercida pelas organizações sindicais, e custos sociais elevados tornavam a mão-de-obra dispendiosa, gerando um "clima de turbulência" nas tomadas de decisão das empresas e provocando descontrole da administração governamental, bem como o aumento da escalada da inflação, principalmente em meados dos anos 1980, avançando pelo início da década de 1990.

O modelo de vantagem competitiva estabelecido pelas economias e pelas empresas, fundamentado em recursos naturais abundantes e mão-de-obra barata, esgotava-se mundialmente, desordenando os lucros e criando constantes déficits na balança de pagamentos dos países em desenvolvimento, os quais ainda sustentavam alguma competitividade em certos produtos.

Japão e Alemanha, porém, destacaram-se no início da década de 1990, quebrando o paradigma herdado da Revolução Industrial, que estava fundamentado na vantagem competitiva comparada de matéria-prima e mão-de-obra baratas.(1) Esses países – nos quais a competição de mercado interna entre as empresas é agressiva e constante, o custo de mão-de-obra é elevado e os recursos naturais são bem modestos – geraram superávits significativos na balança comercial, com produtos altamente competitivos e de excelente qualidade, quando comparados aos de outras nações desenvolvidas, como os Estados Unidos.(2)

Afinal, qual seria a vantagem competitiva das empresas dessas duas importantes nações e de algumas outras asiáticas?(3,4) Como o Japão pôde colocar no mercado mundial produtos de excepcional qualidade, com baixo custo e preços competitivos? Como a Alemanha conseguiu disponibilizar produtos a um preço *premium*, cuja qualidade vale o que é pago? Qual o tipo de "estratégia central" que comanda a filosofia do marketing das empresas alemãs? **Liderança do melhor produto**, ou seja, o melhor produto no mundo a preço *premium*? Será esse o sucesso do modelo competitivo do marketing alemão? Que tipo de gestão organizacional, especialmente no Japão, levou as empresas a serem altamente competitivas? Que padrão de gestão japonesa pode ser analisado e levantado para estudos por gerentes de empresas ocidentais? Que tipo de estrutura administrativa, de procedimentos gerenciais, de tecnologia de produção, de programas de qualidade tornou os produtos japoneses tão competitivos e admirados no mundo inteiro, se antes eles eram considerados de baixa qualidade? Será que a estratégia central da **excelência de operar as empresas a baixo custo** com ótimos produtos e preços baixos levou o Japão a ter um marketing de vantagem competitiva avante das nações desenvolvidas?

Vários estudiosos contribuíram para o entendimento e para a divulgação da competência japonesa, em especial W. Edwards Deming e J. M. Juran, que foram unânimes em atribuí-la à aplicação dos programas de qualidade aos produtos japoneses sem cobrar o preço *premium* do consumidor final.(5, 6, 7)

O movimento da qualidade japonesa desencadeou, nas empresas ocidentais, mudanças drásticas nos padrões de pensamento das estruturas organizacionais e na maneira pela qual elas eram administradas, questionando a eficiência dessas estruturas.(8)

Nesse novo paradigma, os valores do trabalho em equipe e o aparecimento de lideranças prevalecem sobre o trabalho individual de chefes e gerentes. Os mercados globais passam a ter dimensão e atenção similares ou maior que a dos mercados domésticos. Surge com ele a necessidade de se retomar a noção esquecida da empresa voltada para o cliente, cuja forma de organização está fundamentada numa rede de alianças e parceiros *on demand* em toda a "cadeia de valor". A liderança autocrática perde espaço para a liderança da inovação e para o capital intelectual. Nenhuma empresa será protótipo para as outras. O que hoje é padrão ideal não o será amanhã. Só existe uma coisa certa: a "incerteza".

As "forças de mudança" transformam rapidamente o mercado e seu sistema de negociação, assim como as estruturas organizacionais. As rupturas inovativas e a melhoria contínua da empresa são cada vez mais imperativas.(9, 10 e 11)

O recurso competitivo **tempo**, na visão das empresas modernas, preocupadas com a era digital, passa a fazer parte das dimensões coadjuvantes do marketing de vantagem competitiva. Trata-se de uma ferramenta poderosa para a entrega rápida de produtos/serviços ao cliente, capaz de eliminar dispendiosos estoques de produtos acabados e, portanto, de flexibilizar e agilizar a produção e a logística *on-line*. Isso além de possibilitar o equilíbrio eficiente entre oferta e demanda na produção e na compra de suprimentos (*business on demand*), o que é importante e vital.(12)

O recurso competitivo **espaço**, também coadjuvante do marketing de vantagem competitiva, inclui desde a facilidade de comunicação entre terra–satélite–terra, em um mundo sem fronteira (*wireless*) para transações comerciais, até a possibilidade de um sem-número de informações processadas, que podem ser armazenadas e acumuladas pelas empresas em um espaço mínimo e inteligente de um *chip*. Informações que antes ocupavam arquivos, planilhas, amplas áreas produtivas, controles gerenciais e de funcionários hoje estabelecem rapidamente facilidades na tomada de decisões e no fornecimento de produtos/serviços.

A produção ágil e precisa por meio de robôs, a facilidade com que se efetuam pagamentos, créditos, depósitos e se estabelecem contatos por meio de informações digitais *on-line* diminuíram o tamanho e o número de departamentos das organizações. Também foi encurtada a distância entre os elementos que compõem a cadeia de valor (*supply chain*): fornecedores, produtores, distribuidores, clientes e consumidores.

Portanto, o recurso espaço propicia a interligação de todo o processo organizacional para rápidas tomadas de decisão em tempo real. As distâncias deixam de existir por serem minimizadas pelos sistemas de telecomunicação móvel mundial (recurso espaço).

Paralelamente, a idéia de dar ao cliente/consumidor o que ele quer, na forma de benefícios e serviços administrativo-organizacionais freqüentes, é cada vez mais eficiente na forma intangível.

Esse recurso do marketing de vantagem competitiva intangível, **não-matéria**,[1] em toda a cadeia de valor, será traduzido sempre e continuamente em ganhos para o cliente/consumidor, por agregar ao serviço um valor que ultrapassa suas expectativas. Uma empresa com profissionais que executam um serviço ágil, flexível, de decisões rápidas, que vende produto tangível, passa a ser vista na atual economia como uma empresa de serviço e não mais como uma empresa que oferece produto.

O recurso do marketing de vantagem competitiva não-matéria, traduzido em serviços internos organizacionais ao cliente/consumidor de forma eficaz e eficiente,[2] converge para a necessidade de termos uma organização horizontal formada por células processuais (*core process*). É uma estrutura administrativa operacional com pessoas de ações rápidas, que utilizam, de forma inteligente e de maneira mais eficiente, os recursos tempo, espaço e não-matéria.

---

1 O autor faz um trocadilho entre a expressão "matéria-prima", recurso natural competitivo do passado, tangível, com o recurso moderno competitivo do serviço intangível, "não-matéria", executado por pessoas eficazes e eficientes.

2 Serviços eficazes e eficientes significam para o marketing de vantagem competitiva: qualidade de atendimento, agilidade, cortesia, educação, garantias, compromisso, competência e transparência das empresas com o produto que oferece. E o principal, que é a solução dos problemas do cliente/consumidor de forma ágil, sem perda de tempo para ele.

Elas estão diretamente ligadas ao cliente por sistemas digitais *on-line*, prontas para satisfazer, em tempo real, as necessidades atuais e futuras de seu público. (Veja a Figura 1.1.)

Assim, essa estrutura organizacional horizontal torna mais ágil a tomada de decisões dos funcionários na tela de um computador, gerando, de forma

Figura 1.1
Decisões em tempo real.

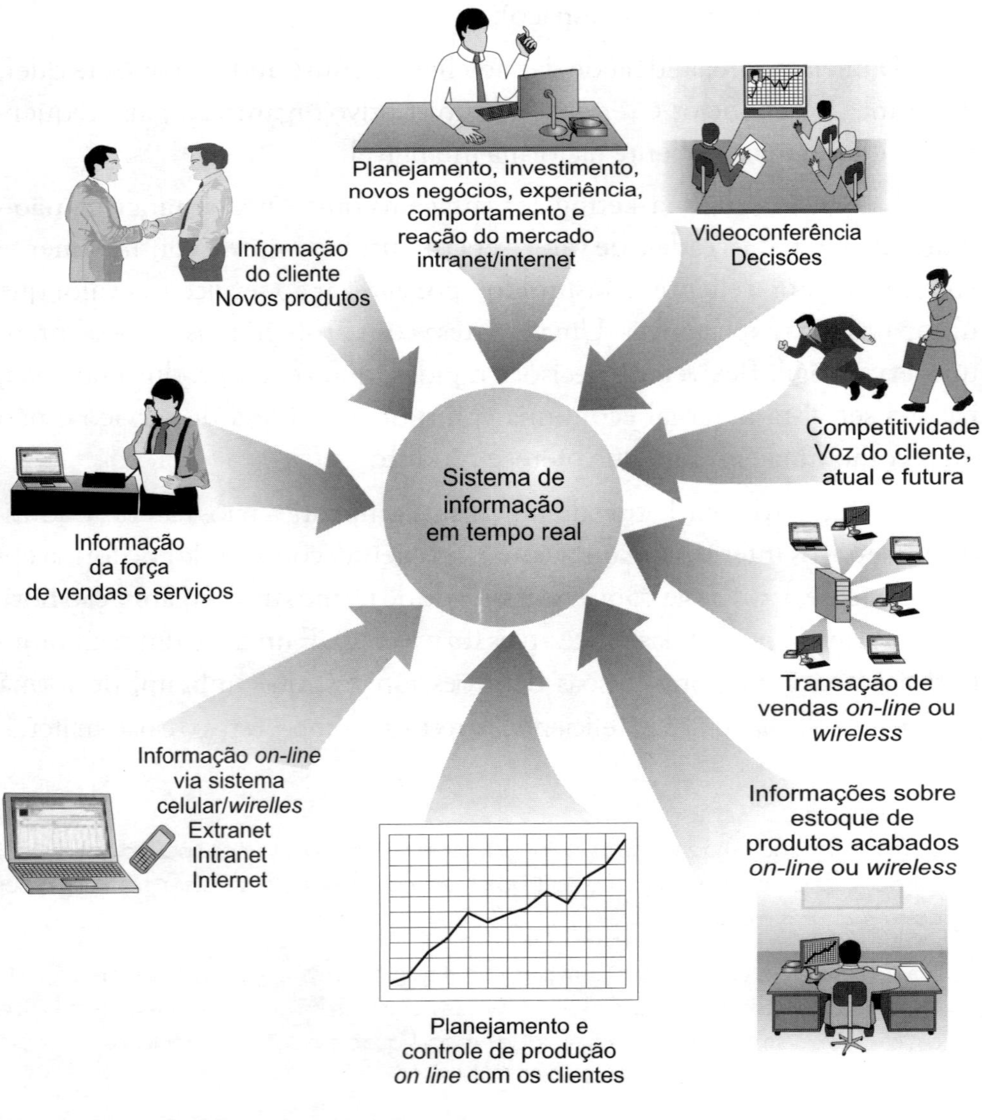

natural, o *empowerment* e as lideranças, possibilitando o trabalho eficiente em equipe. Os líderes surgirão como orientadores do trabalho em equipe, reconhecendo que há bem menos erros na tomada de decisões quando se delega ao pessoal de nível hierárquico inferior as iniciativas de suas próprias tarefas, pois eles sabem exatamente o que é necessário fazer. Cabe à empresa selecionar funcionários com capacidade e capital intelectual para tomar decisões. Isso passa a ser fundamental numa economia cujos recursos de **tempo, espaço** e **não-matéria** são mandatórios e coadjuvantes da eficiência e eficácia do marketing de vantagem competitiva.

Na organização moderna, competitiva e globalizada da era digital, a administração estará voltada para a administração de células de processos, eliminando departamentos e determinadas funções centralizadoras de controle. Não há motivos para existir uma estrutura empresarial hierarquizada, porque ela vai se chocar com os recursos modernos e competitivos, como **tempo, espaço** e **não-matéria**, que propiciam *business on demand*. A mudança estrutural fará com que as empresas se concentrem mais na eficiência do processo organizacional que na função desempenhada pelos próprios empregados. Foi característica do movimento *downsizing* e, posteriormente, da reengenharia dos processos organizacionais confrontar diretamente a hierarquia de gerentes com a de diretores, porque elas não agregam valor para o cliente. O consumidor não quer pagar mais por um serviço ou produto por causa de gerentes e diretores cujas funções controladoras e centralizadoras podem ser muitas vezes realizadas por programas de computadores *on-line* (recursos tempo e espaço) que estão *on demand* para a tomada de decisão.

Na revolução moderna da automação industrial, quando os recursos dominantes usados eram matéria-prima e mão-de-obra baratas, era fundamental o emprego caminhar junto com o controle das atividades da chefia. O desemprego em grande escala, quase sempre, era conseqüência da diminuição da atividade econômica. Atualmente, entretanto, com a predominância dos novos recursos invisíveis e intangíveis de **tempo, espaço** e **não-matéria**, torna-se delicada e instável a manutenção do emprego. Esses três recursos agem simultaneamente sobre os recursos matéria-prima e mão-de-obra, acarretando mudanças sociais ainda difíceis de serem entendidas pela sociedade, porque são intangíveis, e conseqüentemente mudanças radicais no marketing tradicional.

Em termos de custo, os processos horizontais são muito menos dispendiosos, se comparados com os processos anteriores da hierarquia vertical. Porém, são mais complexos e exigem habilidade para serem compreendidos e aplicados pelas empresas. Dessa forma, no mundo da comunicação, da informática e dos negócios via internet ou *e-commerce*, (13) os recursos do marketing de vantagem competitiva de **tempo**, **espaço** e **não-matéria** passam a ser mais relevantes para o país e para as empresas que a abundância de recursos naturais e mão-de-obra barata, muito visíveis no marketing tradicional. Tudo está interligado na tela de um computador ou na palma da mão, por meio da telecomunicação móvel, propicionando *business on demand*.(14, 15)

questões para refletir

1. Todos em sua empresa já estão conscientes dos novos recursos de uma organização competitiva (tempo, espaço e não-matéria)?
2. Na sua empresa, todos estão conscientes do trabalho em processo horizontal *on-line*?
3. Seus companheiros de trabalho sabem que serviços internos eficientes, sem burocracia, são recursos não-matéria que tornam mais ágeis as decisões dos empregados em relação aos clientes?
4. Em uma empresa hierarquizada, as pessoas trabalham para o chefe, fazendo 70% das tarefas para promovê-lo e 30% para satisfazer o cliente/consumidor. Em uma empresa horizontal, as pessoas trabalham 100% para o cliente, utilizam-se 100% dos recursos (tempo, espaço e não-matéria) sem precisar do aval do chefe. Nela, o aumento salarial (ou bônus) dependerá do cumprimento de metas e do desempenho do funcionário na satisfação dos clientes. É possível essa cultura?

2

Cenário do milênio: forças de mudanças que criaram o novo marketing e impulsionam as empresas a serem continuamente competitivas

As forças de mudanças que criaram o "novo marketing", o da vantagem competitiva, que impulsionam as empresas a serem continuamente competitivas e globalizadas, atuam nas organizações de forma única e em bloco, não diferenciando os setores econômicos em que elas estão envolvidas. Tudo acontece ao mesmo tempo, como um vírus que se auto-alimenta. Nenhuma atividade econômica, em qualquer país de economia desenvolvida ou em desenvolvimento, pode escapar dessa regra.

As forças de mudanças, que assim chamaremos, são diferentes das variáveis ambientais.[1] Enquanto estas atuam em cada setor da economia de maneira distinta, as forças de mudanças estão atuando diretamente nas variáveis ambientais e influenciando-as sem distinção de setores da economia.

Não considerar as forças de mudanças no mundo competitivo da economia é como desenvolver um planejamento estratégico empresarial sem elaborar cenários ou fazer um planejamento de marketing sem levar em conta os objetivos do planejamento estratégico global da empresa, pois, em ambos os casos, as propostas tornam-se míopes.

Ao analisarmos as forças de mudanças, verificamos o quanto elas têm mudado as sociedades, as indústrias e as empresas do setor de serviços, tanto

1 Variáveis ambientais: tendências econômicas, sistemas político e legal, tendências socioculturais, tecnológicas, demográficas e aspectos da concorrência.

privadas quanto públicas, e como elas têm afetado departamentos e funções, processos administrativos, posturas gerenciais, marketing dos produtos e serviços, produtos e seus respectivos ciclos de vida, emprego e desemprego e a própria permanência das empresas no mercado. As forças de mudanças, que impulsionam as empresas a serem continuamente competitivas, nasceram e são dependentes dos novos recursos mencionados no Capítulo 1: **tempo, espaço** e **não-matéria,** os quais denominamos de forma mais ampla de **forças de mudanças competitivas.** São elas:

1. Globalização de mercados.
2. Propagação mundial da tecnologia da informação e da informática.
3. Interligação entre empresas e departamentos por meio de redes conectadas de computadores.
4. Desmoronamento da pirâmide hierárquica das estruturas organizacionais das empresas.

As forças 3 e 4 estão intimamente ligadas à tecnologia digital (internet, extranet e intranet). A Figura 2.1, a seguir, fornece uma visão de como as forças de mudanças competitivas, as variáveis ambientais, as variáveis controláveis do marketing tradicional ou o *marketing mix*[2] e o cliente/consumidor interagem entre si.

2.1 Globalização de mercados

A criatividade e a inovação retroalimentam-se pelo sistema de informação e pela informática, tornando o processo de aprendizado ágil, a uma velocidade imensurável (recurso tempo). Os investimentos em telecomunicações (recursos espaço e tempo) são crescentes em todo o mundo, e os satélites já fazem parte do cenário de várias empresas, diminuindo a distância entre as culturas do Ocidente e do Oriente.

2 *Marketing mix* são os quatro Ps do marketing tradicional: produtos e serviços, preço, promoção e ponto de distribuição. Esse tema será tratado no Capítulo 3.

Figura 2.1

Visão gráfica de como as forças de mudanças competitivas interagem com o sistema da empresa.

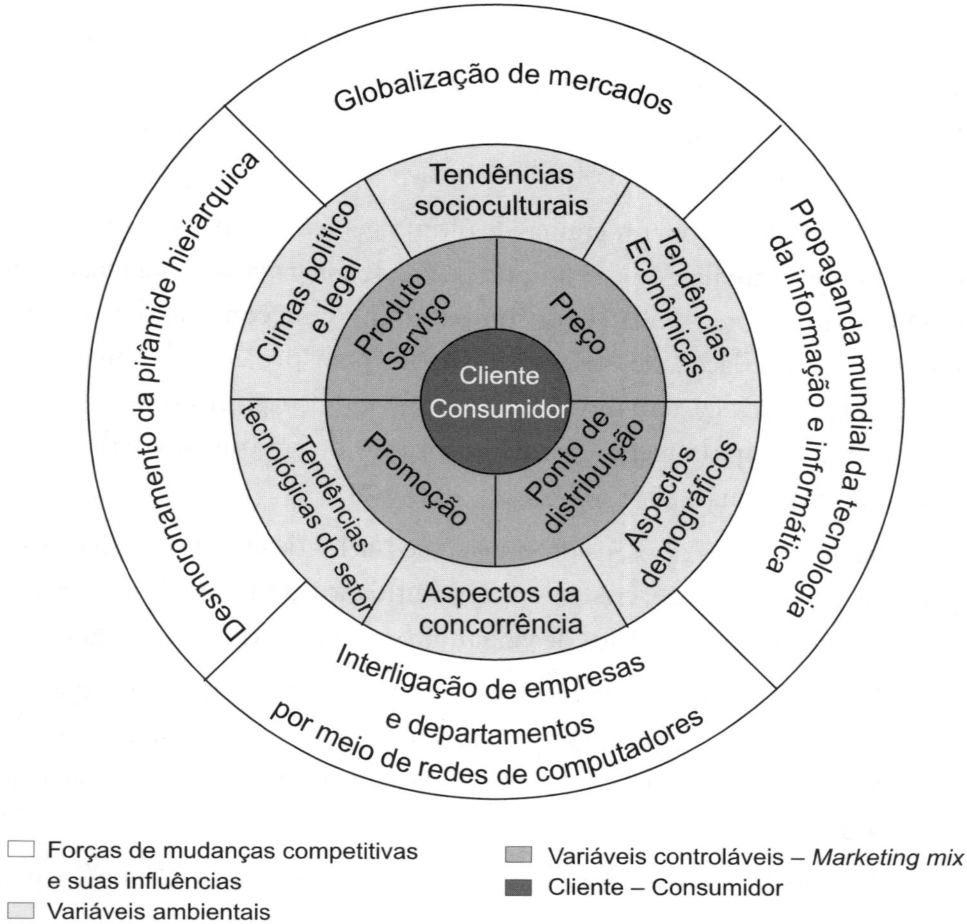

O que é consumido por populações do Leste pode ser também visto, desejado e cobiçado, em tempo real, pelos povos do Oeste e vice-versa.

Quem imaginava que o futebol seria um dos esportes predominantes no Japão nos últimos 10 anos? A telecomunicação transformou a indústria do lazer esportivo dos japoneses, e o futebol superou o beisebol. Indo além, perguntamos: em que proporção essa mudança alterou ou fortaleceu as indústrias de acessórios esportivos? Quem diria que a indústria do beisebol, um mercado de lazer estável, de ciclo de vida maduro, já consolidado no Japão, veria seus investimentos ameaçados tão rapidamente!

Esse é um exemplo real de que um produto líder no mercado pode, da noite para o dia, tornar-se ameaçado ou decrescer sua atividade de forma acentuada pelos recursos tempo, espaço e não–matéria. Mas não são apenas os setores e as empresas líderes que estão ameaçados, também vários outros setores, como o de desenvolvimento de *softwares*, o automotivo, o de brinquedos eletrônicos e o de produtos eletroeletrônicos e digitais sofreram e ainda sofrem a rápida obsolescência.

A informática, com programas de última geração de *computer aided design* (CAD), projeto auxiliado por computador, e de *computer aided manufacturing* (CAM), manufatura auxiliada por computador, e com computadores de alta resolução para criação de *designs* e soluções para projetos de engenharia (*concurrent engeneering*), tem dinamizado e contribuído significativamente para a inovadora e rápida tecnologia de fabricação de produtos, auxiliada por robôs autoprogramáveis.

Na maioria dos casos, os produtos cujos ciclos de vida antes atingiam as quatro fases — introdução, crescimento, maturidade e declínio — hoje já podem nascer obsoletos ou com ciclos de vida muito curtos, de dois ou três anos.

Portanto, o bom profissional executivo de marketing que busca o marketing de vantagem competitiva para sua empresa deve visualizar suas ações estratégicas diferentemente da forma tradicional pela qual fazia no passado, concentrando-se em:

- ✓ Minimizar o risco da rápida obsolescência dos produtos (recurso tempo).
- ✓ Tirar proveito das vantagens que o processo de comunicação via satélite oferece, antevendo as necessidades das pessoas (recursos espaço e não-matéria), em vez de pesquisar as necessidades atuais.
- ✓ Obter o retorno do capital investido no produto ou serviço o mais rápido possível, distribuindo-o amplamente nos países com potencial de compra (recurso tempo).
- ✓ Oferecer um produto cujos atributos, antecipados pelas necessidades antevistas do cliente, valem o preço cobrado ou estejam de acordo com o que o consumidor queira pagar, conforme suas

necessidades, antes que o concorrente o faça com um produto melhor e com maior valor agregado (recurso não-matéria/serviços operacionais).

✓ Planejar a melhoria contínua do produto/serviço ou sua obsolescência. Tem também a opção de lançar sempre o melhor produto no mercado (recurso não-matéria/ serviços operacionais).

A força da globalização de mercados demanda as seguintes premissas nas estratégias do marketing de vantagem competitiva das organizações:

✓ Diminuir o ciclo de vida dos produtos – lançar continuamente novos produtos, programando sua obsolescência e antecipando sua canibalização.

✓ Enfatizar o processo de desenvolvimento de produtos com base na identificação do *core competence*.(1)

✓ Concentrar-se na melhoria e no aperfeiçoamento contínuos da tecnologia dos processos organizacionais.

✓ Investir continuamente em planejamento e desenvolvimento (P&D) ou formar alianças, cooperações e fusões internacionais, a fim de agregar maior competitividade, juntamente com as empresas aliadas, nos esforços de globalização dos mercados.

✓ Enfatizar o padrão de qualidade dos produtos de classe internacional, monitorando o *benchmark* da qualidade mundial.

✓ Ser referência de *benchmark* no seu mercado e para outras empresas.

2.2 Propagação mundial da tecnologia da informação e da informática

A propagação da tecnologia da informação tem um papel importante na tomada de decisões das empresas e nas mudanças organizacionais. Com o auxílio de satélites artificiais, computadores, tecnologia celular, fax modem, internet, equipamentos multimidiáticos e outros, os executivos de marketing não precisam mais se deslocar da matriz para outras unidades da empresa (recurso tempo). Bastam projetores conferenciais, telas e teclas, e o processo de tomada de decisões é estabelecido em tempo real (recursos tempo e espaço).[3] Todas as empresas estarão ao nosso alcance via *wireless* ou na tela do *notebook*, do computador ou em um minicomputador celular.

Podemos, portanto, ter também uma idéia do nível de mudanças que vêm sofrendo os setores mundiais de logística, comunicação e produção, entre muitos outros. Imaginemos toda essa tecnologia de informática transformada em facilidades, conveniência, entretenimento, lazer, educação e em informações sobre produtos ou serviços produzidos por empresas globalizadas, com uma quantidade adequada e variada de atributos de serviços para satisfazer potenciais consumidores (recurso não-matéria). Cada produto, em um tempo curto, será melhor que o outro, e isso dificultará cada vez mais o julgamento e a análise de seus valores por parte do consumidor, pois a informação se traduz em um verdadeiro bombardeio de influência e persuasão sobre os consumidores no momento da decisão de sua compra.

As necessidades atuais do indivíduo são influenciadas por suas necessidades futuras, o que provoca mudanças, transformações e expectativas de compra imprevisíveis em um curto espaço de tempo. As constantes mudanças de atributo dos produtos levam as pessoas a valorizá-los de forma muito mais racional que emocional. E mais: elas estabelecem comparações entre os valores e benefícios dos atributos e o que o dinheiro delas pode comprar.

É possível perceber, portanto, a existência de um enorme potencial para a agregação contínua de valor, de benefícios intangíveis, a um produto ou serviço, e isso, na verdade, está embutido no recurso não-matéria.

---

3 O autor percebe que em breve teremos em casa uma única tela fina e um teclado digital substituindo telefone, televisores, videoconferência e outros equipamentos afins. Indo além, projetores pequenos substituirão as grandes telas de plasma de alta resolução, captando as imagens dos canais de tevê e projetando imagens nas paredes das residências. Uma verdadeira ruptura tecnológica. Não serão Sony, LG, Sansung, Panasonic etc. que farão a ruptura, mas empresas que não fabricam televisores e que não atuam nesse mercado. Hoje já compramos aparelhos DVD e os acoplamos a um projetor, tendo assim verdadeiros cinemas (em telas) nas paredes residenciais ou de salas de aula.

Dessa forma, os profissionais que objetivam melhorar o marketing de vantagem competitiva de suas empresas deverão concentrar grande parte de seus esforços nas seguintes premissas:

- ✓ Ter consciência de que as necessidades atuais serão superadas pelas expectativas das necessidades futuras. O *expeditionary marketing* lança produtos inovadores em base contínua e canibaliza-os quando o concorrente copia o seu produto no mercado, sendo vital para as empresas que operam na estratégia de liderança do melhor produto preservar esse princípio.(2)
- ✓ Observar continuamente a rapidez das mudanças socioculturais do consumidor/cliente, seu estilo de vida, principalmente seus valores, e a forma como pensam e agem, tendo em vista a quantidade de informações na internet e o grau de conhecimento que esse consumidor possui hoje sobre produtos e serviços de várias procedências e culturas.
- ✓ Investigar continuamente as mudanças de atributo dos produtos ou serviços junto ao cliente, a fim de conhecer com precisão o que ele deseja em relação ao produto/serviço e o preço que está disposto a pagar.
- ✓ Redescobrir o cliente dentro do conceito valor atributo/preço, pois, para sobreviver e ter vantagem competitiva, a empresa tem que "agregar valor continuamente aos seus produtos", ou seja, oferecer sempre mais atributos, sem que isso implique aumento de preço para o cliente/consumidor.(3)
- ✓ Dinamizar as decisões de sua equipe de trabalho, bem como o processo de integração interno das áreas da empresa, estendendo-o para toda a cadeia de valor em que a empresa está envolvida.(4)
- ✓ Dinamizar o conhecimento individual dos clientes por meio de inúmeros *softwares* criativos e inovadores, formando um banco de dados (data-base) do cliente, ou seja, o *customer relationship management* (CRM), com o objetivo de maximizar valor para o cliente/consumidor, com serviços eficazes e ofertas constantes, que valham para o cliente/consumidor.

2.3 Interligação de empresas e departamentos por meio da conectividade de redes de computadores

As redes entre computadores, formadas por uma super-rodovia da informação digital, oferecem às empresas e a seus departamentos eficiência e agilidade significativas em toda a cadeia de valor, possibilitando a tomada de decisões em tempo real.(5, 6, 7, 8, 9)

Essas redes de computadores entre empresa, fornecedores e clientes mudam totalmente o conceito de administração. Não que a gerência deva administrar de forma diferente por estar vivendo um novo tempo. A questão é que a própria tecnologia digital, os computadores *wireless* e seus programas impõem a mudança da organização. A eficiência competitiva dependerá da rapidez com que a empresa e sua administração assimilarem essas mudanças.(10, 11)

Considere um vendedor com seu minicelular ou um equipamento similar moderno, interligado à empresa por um sistema de telefonia via internet (Skype) ou *voice over internet protocol* (Voip), com acesso ao sistema de informação de sua organização ou ao do próprio cliente *on-line* em tempo real. Imagine o cliente acessando o portal do sistema do fornecedor, *on-line* em tempo real, sem necessitar da presença do vendedor para tirar o pedido. Esse mesmo cliente pode ter acesso direto ao estoque do fornecedor e à sua programação de produção para verificar exatamente o dia e a hora em que será fabricado o seu produto bem como a data da entrega. Ele também pode saber se o *status* do seu pedido não entrou no sistema do fornecedor porque seu código de acesso foi bloqueado em virtude de atraso no pagamento de um título, por exemplo.

Voltemos ao nosso vendedor em visita ao cliente, ligado em rede ao computador central da empresa, processando o pedido em seu celular ou em seu computador portátil, acessando os códigos dos produtos, o preço de venda, o código do desconto ou da bonificação, verificando débitos ou atrasos de duplicatas. A telefonia celular *wireless*, recurso espaço (não podemos imaginar, hoje, empresas competitivas sem a estrutura eficiente desse recurso), colocará à disposição dele todas as informações sobre os últimos pedidos do cliente, bem como sobre o estoque da loja do cliente, o estoque da fábrica, a programação da produção, o sistema logístico de rastreamento dos caminhões de entrega etc. Tudo isso na tela de um *notebook*, do celular ou de um computador *on-line*!

Qual será a redução dos custos administrativo e informativo e quanto a empresa ganhará em agilidade (uso do recurso tempo) com a implantação desse sistema? Quantas pessoas e departamentos serão envolvidos com o pedido e com as informações? O próprio computador pode tirar o pedido!

Como dissemos anteriormente, nem mesmo o vendedor seria tão necessário. Você pode comprar sua lava-roupas, sua lava-louças, seu ar-condicionado e muitas outras coisas por meio do *e-commerce*. Precisa-se somente de um serviço operacional eficaz e eficiente para estabelecer o relacionamento com a empresa (não-matéria) e garantir a entrega.

Considere o potencial de mudanças organizacionais em departamentos como o financeiro, o de compras, o de marketing, o de logística e outros. No passado, possivelmente teríamos o departamento de administração de vendas para conferir o pedido; os de supervisão e gerência de vendas, para aprová-lo, com descontos e bonificações; o de finanças, para ratificar o valor ou o limite de crédito e o cadastro do cliente; o de produção, para notificar prazo de fabricação; o de logística, para fornecer informações sobre estoque e data de entrega. Tudo isso resultando em um processo demorado, burocrático, oneroso tanto para a empresa quanto para os clientes, obedecendo aos trâmites de controle muitas vezes desnecessários, estabelecidos por chefias preocupadas em justificar e valorizar o salário e o *status* profissional delas mesmas.

Quanto maior o poder e mais alto o *status* entre os gerentes, maior a pirâmide hierárquica. Sabe-se que gerente só é chefe quando tem secretária e subordinados. Com a rede de computadores entre empresas, você será seu próprio gerente. Não há razão para chefias, mas sim para equipes com líderes coordenando os processos organizacionais e um sistema único de informação horizontal *on-line* sem chefia vertical, que sirva a todos e que seja alimentado em benefício de todos e por todos.

Na administração processual ou horizontal, não há espaço para a burocracia. Todos na empresa têm acesso a um único sistema para dinamizar a tomada de decisões e conhecer simultaneamente o que cada equipe executa. A pior burocracia, ou empresa "burrocrática", é aquela que utiliza um sistema de informação via *e-mail* para cada departamento, ou seja, vários sistemas dentro de um sistema e cada departamento satisfazendo à necessidade do outro departamento.[4]

Lembre-se de que o cliente, ao fazer seu pedido, não solicita que se coloque na fatura o preço da burocracia, da incompetência, da ineficiência ou dos salários dos chefes e controladores. O cliente ou o varejista quer, unicamente, comprar um bom produto, adicionar sua margem de lucro, dimensionar um preço cujo valor dos atributos intangíveis (recurso não-matéria) em relação aos competidores ofereça vantagens evidentes e agregue valor para o cliente/consumidor.

Tendo em vista o sem-número de transformações organizacionais e administrativas possibilitadas pela tecnologia digital de redes de computadores, intranet, extranet, internet e *e-commerce*, podemos formular uma série de premissas para o marketing de vantagem competitiva que certamente tornarão as empresas com serviços externos e internos de melhores vantagens sobre os seus concorrentes:

- ✓ Decisões em tempo real: uma decisão tomada hoje nos Estados Unidos, na Europa ou no Japão pode ser executada de imediato no Brasil, com riqueza de detalhes tecnológicos e acompanhamento da matriz. Caso da detecção de uma oportunidade de mercado até a concepção do produto/serviço e seu lançamento no mercado global, ajustando-se às necessidades de cada país.

4 O autor sugere que, por meio de um *ciberspace* dentro de cada andar da empresa, quebre-se a burocracia informatizada dos exageros de e-mails internos. Assim é possível identificar a ociosidade dos funcionários e permite-se que eles utilizem esse "resto" de tempo para pensar, planejar e criar melhores serviços para atender unicamente o cliente (ou clientes) da empresa.

- ✓ Fluxo de informações em todo o processo administrativo da organização ajustado em um único sistema operacional de informatização.
- ✓ Clientes e fornecedores interligados e integrados na cadeia de valor da organização por meio de programas computadorizados oferecidos por empresas especializadas nesses tipos de programas.
- ✓ Redução do ciclo dos processos organizacionais e dos custos administrativos em decorrência da agilidade nas decisões proporcionada pelos sofisticados programas de *software*.
- ✓ Processos organizacionais diretamente ligados ao cliente/consumidor para a sobrevivência da empresa e sua eficiência para competir. Em outras palavras, procedimentos administrativos, funções e departamentos que não agregam valor ao cliente/consumidor deverão ser reavaliados ou mesmo descartados da empresa.
- ✓ Criatividade e inovação constantes (capital intelectual) como base para a sobrevivência da empresa, sobrepondo-se aos controles e limites estabelecidos pelas empresas, ou seja, o uso da gestão do conhecimento em base contínua.(12)

2.4 Desmoronamento da pirâmide hierárquica das estruturas organizacionais das empresas

A interligação de empresas e departamentos por redes de computadores elimina a necessidade de controle do chefe sobre os funcionários, uma vez que o computador central pode coordenar e controlar as ações organizacionais da empresa.

Entretanto, para que uma empresa se organize sob essa nova visão mercadológica, ela precisa priorizar em seu dia-a-dia a responsabilidade que os empregados terão em tomar decisões sem depender tanto da chefia (*empowerment*).

Há algumas questões a serem definidas sobre quais processos essenciais devem ser administrados por pessoas ou por equipes (*core processes*).(13) Por exemplo: Quem será o líder do processo e quem serão os sublíderes de células pequenas, já que a figura do chefe foi descontinuada? Quais pessoas com habilidade e visão seqüênciais de processo permanecerão na empresa para trabalhar nesse novo modelo de organização?

É preciso enfatizar que na administração por processo, ou administração horizontal, o cliente/consumidor passa a ser a razão da organização e dos objetivos da empresa, bem como o objetivo principal do trabalho de todos. Portanto, a filosofia de marketing deve abranger e permear toda a organização com o objetivo de agregar unicamente ao cliente/consumidor o conceito de valor.

O processo de enxugamento passa a ser tanto vertical (hierarquia da chefia) quanto horizontal (extensão e união dos departamentos). Assim, por exemplo, serviço de atendimento ao pedido, planejamento e controle da produção (PCP), compras, estoques e entregas podem se fundir e se complementar para servirem unicamente ao cliente/consumidor, formando um *core process* seqüencial, ou seja, integração entre uma célula processual grande com subcélulas menores no mesmo processo.

Também os departamentos de finanças, desenvolvimento de sistemas, custos e contabilidade se fundirão na empresa, auxiliando os líderes *on-line* na tomada de decisões de custo, suas simulações de preço e lucratividade. O diretor financeiro passa a conhecer sistemas ou o diretor de sistemas absorve as funções do diretor financeiro, pois só há espaço para "um" na organização horizontal. A área de recursos humanos poderá ser terceirizada e, assim, haver um quadro de funcionários (treinados pelo RH terceirizado, de acordo com a filosofia da estratégia central do marketing de vantagem competitiva da empresa) aptos a desenvolver seu trabalho em equipe sob orientação de um líder processual.

Na organização vertical, pessoas e *staff* reportam-se ao chefe e trabalham para o chefe, e o desempenho gera promoções e aumentos de salário. Na organização horizontal ou processual, ao contrário, as pessoas reportam-se aos clientes da empresa, e o sucesso reside na contínua competitividade e no aprendizado, em saber servir ao cliente, na geração de lucros e dividendos para o acionista e no crescente valor das ações, sendo todos também acionistas parciais ou temporários da empresa. O desempenho e o bônus anuais das pessoas na empresa serão pagos em ações negociáveis em bolsa de valores pelo cumprimento de metas das equipes, de forma similar à remuneração do *chief executive officer* (CEO) nas empresas norte-americanas.

As promoções de funcionários serão raras. A esse respeito, sugerimos a leitura de um artigo publicado na *Gazeta Mercantil*, sobre o assunto. De acordo com o jornal, uma empresa distribuiu quotas entre os seus funcionários no valor de R$ 35,00, e eles só poderão vender essas ações quando elas atingirem o patamar de R$ 60,00, o que gerará ganhos salariais e patrimônio individual para cada um deles.(14) O desafio não é o *status* da carreira na empresa, como era no passado, mas o desafio de ganhar a recompensa pela eficiência e eficácia do trabalho em equipe e ver as ações cada vez mais valorizadas para comprar seu carro ou apartamento.

Tendo por base a estrutura piramidal e a administração por processo, bem como a interligação de empresas e departamentos por intermédio de redes digitais de computadores, podemos formular as premissas para o marketing de vantagem competitiva que certamente tornarão as empresas competitivas:

- ✓ A empresa organizada por processos horizontais é mais ágil, tem custo menor e é mais competitiva que a empresa administrada verticalmente. Ela está focada na criatividade, na inovação e em funcionários com visão generalista do processo. (Veja a Figura 8.1, no Capítulo 8.)
- ✓ O sistema *on-line*, uma vez alinhado à tecnologia dos *softwares*, é o instrumento que irá impulsionar e consolidar a organização horizontal, da mesma forma que na virada do século XIX para o século XX o automóvel favoreceu a expansão demográfica, a construção de estradas, a logística de distribuição e a "reengenharia" administrativa da época, com a introdução das linhas de montagem e da especialização do trabalho.
- ✓ A organização horizontal é o modelo futuro de administração moderna que mais agrega valor ao cliente/consumidor, pois depende do cliente para ser eficaz e eficiente, e não de gerentes.
- ✓ Não existem chefes nem supervisores, mas líderes facilitadores e participantes do processo.
- ✓ O cliente não paga pela burocracia do antigo sistema hierárquico e pode negociar *on-line* produtos com preços e margens mais competitivos, obtendo serviços mais ágeis. Além de dar à empresa a opção de uma das três estratégias de valor do marketing de vantagem competitiva: a) liderança do melhor produto; b) excelência de operar a empresa a baixo custo; c) intimidade com o cliente.

questões para refletir

1. As forças competitivas de mudanças atuam de modo diferente das variáveis ambientais. Por quê?

2. Você acha que a globalização de mercado sempre trará desemprego? Tome por base o seguinte: antes da alíquota de 70% de imposto (1996), a indústria automobilística tinha aproximadamente 700 revendas autônomas de carro importado. Na base de 20 empregados, gerava, só nas vendas dos carros, 14.000 empregos diretos, além de manter um efeito multiplicador para as lojas de autopeças, oficinas do tipo "Zé Bigode" etc. Saiba que uma empresa montadora robotizada pode, hoje, produzir 500.000 carros com 1.500 funcionários. E as autopeças também estão robotizadas e muitas importam seus próprios componentes da matriz.

3. Você acha que a interligação entre empresas pela tecnologia digital muda todo um conceito de organização? Você está preparado academicamente para interagir e atuar em uma organização horizontal? E seus colegas estão? Reflita sobre as mudanças com seus conhecimentos atuais. Do contrário, aja rápido e se prepare para competir com os que já estão preparados.

4. Que futuro você imagina para a função de "vendedor", com as interligações entre os computadores das empresas na era digital? Qual o perfil de vendedor sobreviverá a essas mudanças?

3

Premissas e conceitos para formular um modelo estratégico do marketing de vantagem competitiva

Nos capítulos anteriores, foi apresentado um número considerável de premissas, as quais serão oportunamente sintetizadas neste capítulo em quatro premissas conceituais, cujo escopo contempla a maior parte do assunto em pauta e serve de base à nossa proposta de um modelo do marketing de vantagem competitiva.

Nos capítulos seguintes, formularemos e explicaremos os detalhes desse modelo estratégico voltado para o cliente/consumidor, elemento-chave para o sucesso do marketing das empresas. Sem o cliente/consumidor, nada acontece.

Nossa proposta é representada pela empresa no seu todo, pois acreditamos que no mundo globalizado atual não é possível sustentar, por muito tempo, uma vantagem competitiva proveniente de uma única área da empresa ou de algumas áreas, isoladamente.(1)[1]

Muito se comenta sobre a visão míope da vantagem competitiva por meio de pessoas (principalmente pelo pessoal de RH). Outros defendem os programas de serviços ao cliente alinhados à qualidade total (vistos pelos

---

1 M. Porter admite que a vantagem competitiva pode ser obtida se uma das atividades de suporte, ou a principal atividade, for diferente dos concorrentes. O modelo do autor deste livro está baseado no todo e não em partes.

novos engenheiros de produção). A vantagem competitiva, para os profissionais de finanças, resulta possivelmente na aplicação de um sistema *Active Basic Cost* (ABC), custo por atividade do processo, que funcione perfeitamente com o sistema operacional da empresa.(2) Para os analistas de sistemas, ela está embutida nas implicações da tecnologia da informação digital e nos sistemas de *software/hardware* desenvolvidos. Para o pessoal da área de serviços ao cliente, resulta em atendimento primoroso pelo fornecimento de serviços e produtos com "zero" de defeito. Para os profissionais da área de marketing com visão tradicional e restrita, obter vantagem competitiva significa ter um bom produto e buscar nichos de mercado como quem finca uma bandeira. Tudo depende do ângulo pelo qual se vê o sistema.

Nossa proposta, no entanto, tem o intuito único de orientar as empresas para um marketing de vantagem competitiva sustentável de longa duração, vantagem não especificamente concentrada em áreas, como comentamos anteriormente, mas voltada para o todo da empresa, ou seja, com uma visão global. Para tanto, a empresa precisa:

1. Concentrar-se nas "preferências futuras" do cliente/consumidor, tendo por base inicial suas necessidades atuais, agrupadas em *cluster* de atributos, de preferências mutáveis, para poder antever as necessidades futuras e saber cobrar aquilo que é de valor para o cliente/consumidor.(3)
2. Oferecer um produto cujo valor seja sempre superior (benefício muito maior em relação ao preço) ao dos concorrentes ou inovar continuamente com produtos diferentes que empolguem o cliente,(4) em vez de oferecer diferenciações cosméticas.
3. Difundir, integrar e disseminar sempre a noção de valor superior nos planos e processos administrativos e de toda a cadeia de valor da empresa.(1)
4. Objetivar o lucro e a valorização das ações da empresa no mercado, como conseqüência das orientações 1, 2 e 3, para remunerar o empregado e o acionista investidor.

Essas premissas, que são a base para o desenvolvimento do nosso modelo, convergem para o conceito de contínua entrega de valor superior ao cliente/consumidor, que já foi, em parte, comentado no Capítulo 2, nas forças de mudanças.

Dessa forma, "valor" é a chave do marketing de vantagem competitiva. Portanto, teremos que apresentar o nosso modelo em uma seqüência lógica, para que as empresas possam compreender sua praticidade e, portanto, explorá-lo. Várias questões podem ser levantadas quanto à efetivação dessas premissas para elaborar o modelo. Por exemplo:

1. Por meio de quais programas de marketing e de quais outras áreas da empresa podemos estabelecer o compromisso de entrega contínua de valor superior, a fim de satisfazer o cliente/consumidor?
2. Como definir estratégias do marketing de vantagem competitiva que ofereçam valor superior continuamente aos clientes/consumidores?
3. Onde buscar continuamente valor superior e obter eficiência e excelência nas ações da empresa e repassá-las para o cliente/consumidor?
4. Quais as técnicas administrativas necessárias para implantar esse novo tipo de organização competitiva que oferece valor para o cliente/consumidor?
5. O que obriga as empresas contemporâneas mais admiradas a se preocuparem tanto com a competitividade e com a oferta de valor em base contínua?

3.1 Definindo uma estrutura gráfica de modelo do marketing de vantagem competitiva

Respondendo às questões anteriores:

1. Por meio de quais programas de marketing e de quais outras áreas da empresa podemos estabelecer o compromisso de entrega contínua de valor superior, a fim de satisfazer o cliente/consumidor?

   ⇓

   Essa questão fatalmente implica mudanças nos programas do marketing tradicional (4 Ps) praticado atualmente pelas empresas a fim de satisfazer o cliente/consumidor.

O marketing tradicional oferece um produto/serviço que satisfaz as necessidades do cliente/consumidor, planeja o desenvolvimento desse produto (**produto/serviço**), promove e divulga, por meio de várias técnicas (**promoção**), a disponibilidade desse produto ou serviço em um determinado local (**ponto-de-venda**) e cobra um valor econômico (**preço**) por essa satisfação, com base nos custos da empresa e na margem de lucratividade aplicada aos custos de transformação da matéria-prima mais os custos administrativos e financeiros e os impostos.

Ele utiliza as quatro variáveis básicas definidas como *marketing mix*, segundo E. J. McCarthy,(5) endossadas por Philip Kotler:(6, 7, 8, 9 e 10) **produto/serviço, promoção, ponto de distribuição** e **preço**.

Trata-se de uma pirâmide eqüilátera de base quadrangular, em que o vértice superior representa o consumidor; os vértices da base, o *marketing mix*; e o seu volume, a contínua agregação de valor ao cliente/consumidor, que pode graficamente simbolizar a nossa afirmação e responder à nossa questão. (Veja o topo da Figura 3.1.)

2. Como definir estratégias do marketing de vantagem competitiva que ofereçam valor superior continuamente aos clientes/consumidores?

Essa questão reúne o conceito de valor em três estratégias centralizadas na cúpula da diretoria da empresa, cujos alcance e significado são superiores aos do marketing tradicional empregado hoje pelas empresas brasileiras. A empresa procurará adotar uma única estratégia, com base nas características do produto que pretende oferecer ao cliente/consumidor. Essas estratégias mutuamente exclusivas, que se encontram no volume do primeiro tronco da pirâmide, são:(11)

✓ **Liderança do melhor produto** – oferecer sempre o melhor produto no mercado em que compete, não sendo comparável aos produtos existentes (nada cosmético).

- ✓ **Excelência operacional** – oferecer um produto de baixo custo e alto valor em benefício, além de uma estrutura organizacional e uma proposta peculiar de serviço ao cliente.
- ✓ **Intimidade com o cliente/consumidor** – fornecer um produto customizado, feito só para ele. Se a empresa atua no mercado industrial, fornecer um produto ou serviço único, exclusivamente para seu parceiro, sem similaridade. Nessa estratégia, a empresa e o cliente/consumidor criam, simultaneamente, sem restrição, o conceito mútuo de valor (uma parceria mutuamente dependente, como a que existe entre Martin-Brower e McDonald's).

Essas três estratégias independentes estão diretamente ligadas com o objetivo de oferecer valor a quem compra um bem. Também afetam e transformam as táticas e ações do *marketing mix* tradicional. O *marketing mix* tradicional passa a ser visto como processo de ação em vez de estratégico. **Produto/serviço, promoção, ponto de distribuição** e **venda** são agora veículos de ações entregadoras de valor das estratégias descritas anteriormente.

3. Onde buscar continuamente valor superior e obter eficiência e excelência nas ações da empresa e repassá-las para o cliente/consumidor?

   Essa questão desperta a curiosidade sobre a busca de valor, ou das fontes que fornecem o valor, que a organização se compromete a obter e a perseguir continuamente, de acordo com o nosso modelo do marketing de vantagem competitiva. Essas fontes compreendem a cadeia de valor, a eficiência nos processos organizacionais administrativos e o fundamental, que são a identificação e a criação de um *core competence*,(12) a construção eficiente dos *core processes* da organização horizontal e os futuros *core capabilities*(13) operacionais, também visíveis no segundo tronco da pirâmide.

O grande dilema para tornar uma empresa competitiva, agregadora de valor, reside no emprego de certas técnicas administrativas, que são objeto da quarta questão.

Figura 3.1
Estrutura gráfica do modelo para tornar o marketing da empresa competitivo na era digital.

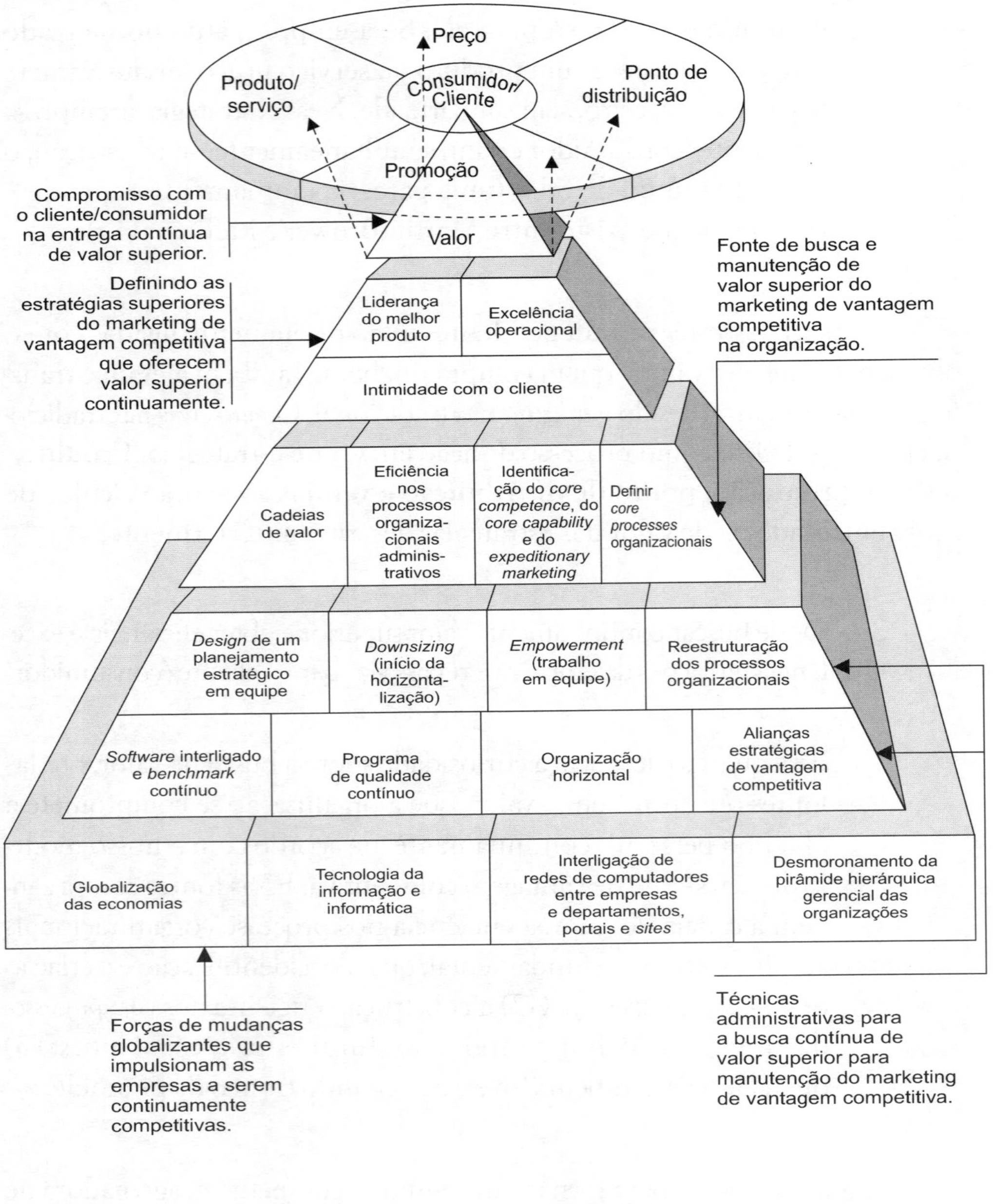

4. Quais as técnicas administrativas necessárias para implantar esse novo tipo de organização competitiva que oferece valor para o cliente/consumidor?

Técnicas como *downsizing*, *empowerment*, reestruturação dos processos administrativos (ou reengenharia dos processos), programas de qualidade total, *softwares* interligados, *benchmark* contínuo, planejamento estratégico integrado (*balance score card*), alianças estratégicas com vantagem competitiva e organização horizontal, apresentadas no terceiro tronco da pirâmide, propiciarão a estrutura do marketing de vantagem competitiva à organização que idealizamos, sempre agregadora de valor de forma contínua.(14)

Para implantar essas técnicas, é necessário promover mudanças e quebrar paradigmas da administração antiga, muitas vezes presa aos princípios do *status* gerencial e relutante às mudanças de um novo marketing competitivo, diferente do estático e tradicional. É esperado o descontentamento entre pessoas e chefias, culminando na eliminação da maioria dos departamentos e das funções, que passam pela transformação de fluxos processuais administrados por equipes e líderes.(15)

Todos esses processos de mudança, para serem bem-sucedidos, exigem tempo e adaptação das pessoas à nova organização.

5. O que obriga as empresas contemporâneas a se preocuparem tanto com a competitividade e com a oferta de valor em base contínua?

Essa questão nos leva ao fechamento do nosso modelo. A resposta está no cenário das quatro inevitáveis forças de mudanças, já descritas no Capítulo 2, que obrigam as empresas a se tornarem continuamente competitivas para enfrentar o mundo globalizado.

questões para refletir

1. Para tornar uma empresa competitiva, é necessário um conjunto de ações. Esse conjunto é o "todo" e não as partes isoladas em áreas da empresa. Dentro desse modelo piramidal, o quanto de ações a sua empresa tem realizado para enfrentar as competições local e global?
2. Existe pelo menos alguma "estratégia central de valor" na sua empresa que esteja próxima a uma das três mencionadas no modelo piramidal?
3. Você deve ter notado que não é fácil estruturar uma empresa competitiva. Tudo o que se faz é colocar tijolo sobre tijolo para se chegar lá. Você tem disposição para tal desafio na sua empresa ou está deixando a coisa atingir um nível em que ela será engolida pelos competidores?
4. Que estratégias do marketing de vantagem competitiva sua empresa adota? Liderança do melhor produto? Excelência operacional a baixo custo? Intimidade com o cliente? Ou ela ainda não tem uma situação bem definida, como a maioria das empresas brasileiras? Lembre-se de que as estratégias do marketing de vantagem competitiva têm filosofias diferentes e não existem de forma combinada. Você pode reduzir custos, mas não significa que adotou a estratégia de excelência operacional a baixo custo, pois a liderança do melhor produto também reduz custos em sua operação.

4

Compromisso constante com o cliente/consumidor na entrega contínua de valor superior

4.1 Conceito de valor

4.1.1 Preço

É uma declaração numérica do que o cliente/consumidor espera pagar por um determinado artigo; no caso, um produto, um serviço ou ambos.(1, 2, 3, 4) Hoje, com a abundância de informações, o cliente/consumidor quer analisar, avaliar, conhecer e receber a quantidade tangível ou intangível dos atributos e benefícios de um determinado produto ou serviço pelo qual está pagando.

4.1.2 Benefício superior

Ocorre quando o cliente/consumidor recebe um benefício de um produto ou serviço muito superior em comparação ao dos concorrentes, com base na relação do preço que lhe foi cobrado. Nascem, então, no cliente/consumidor, a percepção e o julgamento de que ele pode obter um produto/serviço com vantagem superior à dos existentes no mercado. Portanto, de acordo com o nosso conceito, o preço passa a ser uma declaração de valor quando se relaciona com o benefício superior do produto ou serviço ofertado.

Desse modo, **valor** não é uma declaração de montagem e remontagem de custo acrescida de uma margem de ganho, repassada para o cliente/consumidor e colocada na vitrina de uma loja, como muitas empresas fazem.

4.2 O que é valor para o cliente/consumidor

O preço também pode ser visto pelo cliente/consumidor, durante a compra de um produto/serviço, como um valor numérico negativo, caso ele sinta receio de gastar um dinheiro guardado durante anos, perceba que sua segurança financeira está ameaçada ou que uma quantia imobilizada, acumulada como riqueza, está diminuindo.

No conceito contábil, o preço pode ser considerado um **débito**. E, para diversas pessoas, o preço de um produto, na vitrina de uma loja, é visto como uma predisposição contrária a seu esforço de acumular riquezas.

Por sua vez, os atributos e benefícios na compra de um produto/serviço são valores numéricos positivos no julgamento e na percepção do cliente/consumidor, pois serão considerados um **ganho** que irá lhe trazer mais riqueza e satisfação. Ele vê tal **benefício** nos atributos dos produtos/serviços como uma disposição do acúmulo de ganho, e não como perda. Portanto, tem valor de **crédito** em favor do cliente/consumidor.

O conceito de percepção de valor superior nasce da constatação de que os benefícios provenientes dos atributos do produto (ganhos) são maiores que o débito do preço (pago).

Quanto maior o crédito do benefício proveniente dos atributos do produto/serviço, antes e depois da venda, maior a satisfação do cliente/consumidor pela compra do produto. Quanto maior o crédito–benefício proveniente dos atributos do produto/serviço em relação ao concorrente, maior a vantagem competitiva do produto/serviço em relação ao competidor, desde que os preços das empresas sejam mantidos pelo menos iguais.

Se a empresa sustentar sempre, e a cada dia mais e continuamente, esse crédito–benefício na forma de atributos do produto/serviço a preços mais baixos que os dos concorrentes, sem prejudicar sua lucratividade, ganhará a batalha competitiva, ou seja, ganhará a entrega contínua e duradoura de valor para o cliente/consumidor, de modo que este acumule sempre ganhos nas transações de suas compras.

Entretanto, a maioria das empresas brasileiras ainda cobra um preço significativamente alto quando comparado ao benefício dos atributos do produto/serviço percebido pelo cliente/consumidor. Por sua vez, a maioria dos consumidores paga esse preço por não ter muita opção de mercado, uma vez que o regime de abertura às importações no Brasil ainda é tímido em função das altas taxas de importação. Há, porém, situações *premium* de preços altos em que o benefício vale pelo preço que lhe é cobrado.

Conduzir a empresa para entregar continuamente produtos ou serviços de valor superior é o grande desafio do marketing de vantagem competitiva, fundamental para a empresa sobreviver no mundo competitivo e globalizado em que vivemos. As empresas que se envolverem nessa filosofia de trabalho serão líderes no futuro e terão uma avenida de sucessos pela frente. Pesquise, pesquise, pesquise continuamente com os clientes consumidores os atributos de valor ofertados nos seus produtos e serviços e meça a paridade do preço que o cliente/consumidor está disposto a pagar por esses benefícios de seu produto/serviço. Você verá que esse é o caminho do sucesso do seu marketing de vantagem competitiva.

4.3 Valor e qualidade

Clientes e consumidores desenvolvem a percepção de qualidade de um produto/serviço com base nas experiências de compra e nas avaliações pós-compra, associando sempre o produto de valor superior com o produto de melhor qualidade. Em termos psicológicos, muitos clientes/consumidores supõem que a qualidade de um produto/serviço está diretamente relacionada com o preço. Nesse caso, um preço elevado praticado por empresas "sabidas" servirá como indicador de qualidade.

Várias empresas usam preços altos para indicar qualidade e encobrir certas informações relevantes sobre os atributos do produto ou serviço, principalmente quando o cliente/consumidor se sente confuso com o desempenho desse produto ou serviço.

Assim, a empresa dificulta o julgamento do cliente no momento da compra. Aqueles que decidem mais pelo lado emocional que pelo racional podem ser prejudicados na avaliação dos benefícios do produto no que diz respeito ao preço pago.

Hoje, na era da informação digital, qualidade alta de um produto ou serviço não implica preços altos; e preços baixos nem sempre significam produtos de baixa qualidade. Portanto, qualidade elevada ou baixa não pressupõe, necessariamente, um valor/preço elevado ou baixo do produto.

Nesse período de inflação controlada, de viagens constantes a países desenvolvidos, os consumidores brasileiros adquiriram percepção para analisar o nível de qualidade de um produto ou serviço, mesmo aqueles com baixos níveis de cultura e de conhecimento, afetados pela perda do poder aquisitivo. Cada vez mais esse processo se torna evidente e avança rumo à consolidação em nosso país.

4.4 Equação do valor percebido de um produto ou serviço

O valor total percebido de um produto ou serviço é aquele que o cliente/consumidor acha que deve pagar pelo benefício dos atributos do produto ou serviço recebido, e isso, atualmente, é o determinante fundamental para o sucesso do marketing de vantagem competitiva na empresa brasileira e na competição entre mercados locais e/ou globalizados.

As pessoas fazem o possível para comprar um produto ou serviço de melhor qualidade, sem, entretanto, querer pagar mais por isso. É interessante lembrar que interpretações ou julgamentos perceptivos são funções das variáveis comportamentais "intra e interpessoais" do cliente/consumidor.(5 e 6) (Veja a Figura 4.1.)

Figura 4.1
Modelo global do comportamento do consumidor — variáveis que influenciam a percepção de valor no cliente/consumidor.

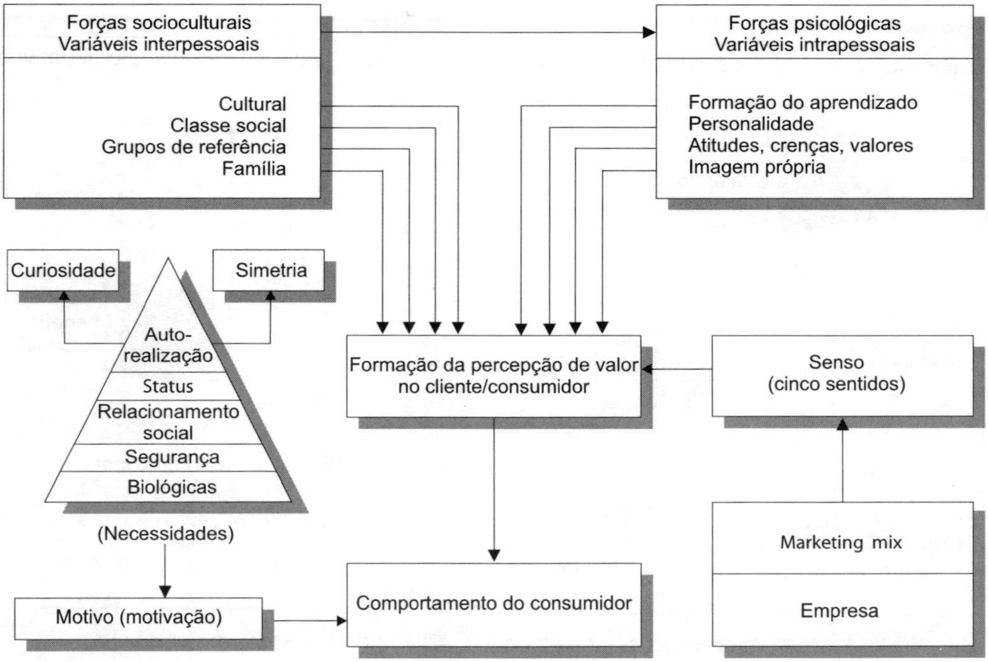

O valor total percebido de seu produto/serviço é o valor que o cliente supõe que deve pagar pelos benefícios dos atributos recebidos de um produto ou serviço menos o valor do preço percebido, ou seja, o preço pago por ele. Observe que a equação só será verdadeira e positiva se os benefícios percebidos forem maiores do que o preço percebido. Nesse caso, há acúmulo de ganho para o cliente/consumidor. É o conceito de valor. Se ocorrer o contrário, preço percebido maior que benefício dos atributos percebidos, a equação assume valores negativos, pois não haverá acúmulo de ganho. O preço torna-se, para o cliente/consumidor, irreal, ou seja, o valor total percebido dos atributos de um produto/serviço não vale o preço que a empresa cobra por ele. (Veja as Figuras 4.2 e 4.3.)

Em um país como o Brasil, de economia relativamente fechada, a cultura do processo de trocas mercadológicas na compra de "valor" ocorre em pouca escala, a não ser no caso de promoções ou liquidações em que a empresa,

Figura 4.2
Entrega de valor ao cliente.

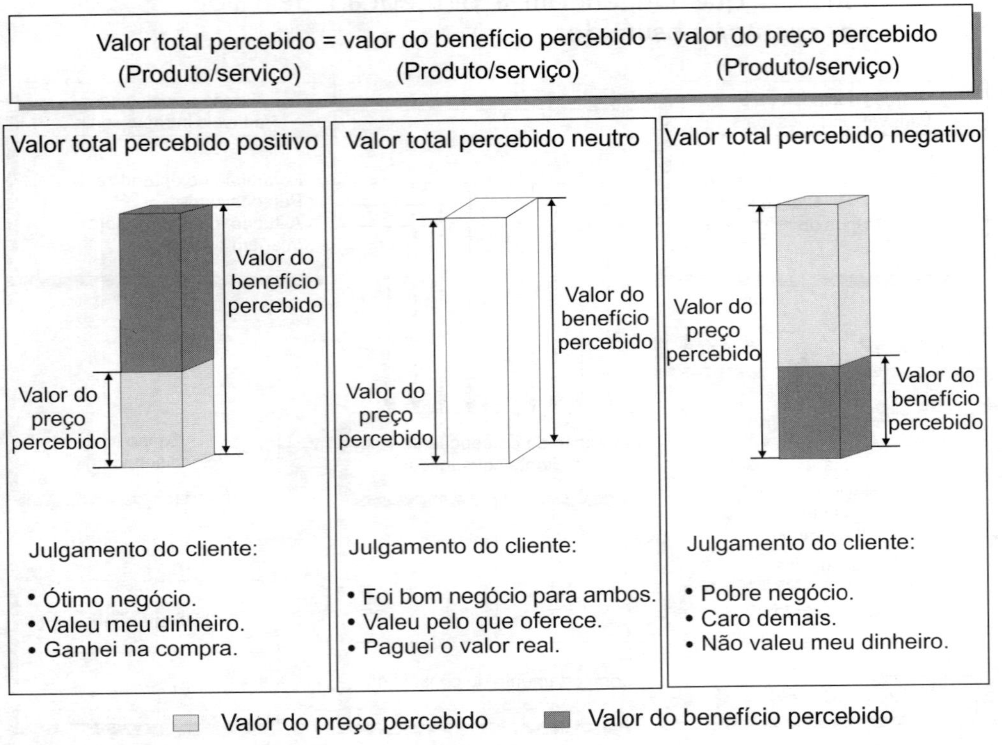

ao oferecer valor, o faz como forma de se desvencilhar de um estoque acumulado, mal gerido em preço, ou a fim de buscar liquidez de caixa.(7)[1] É o caso das roupas de inverno liquidadas nos meses de setembro e outubro. As lojas, nesse período, passam a cobrar o preço que vale para o cliente consumidor.

Em geral, sempre que o preço percebido é inferior à avaliação ou ao julgamento do benefício do produto ou serviço, o cliente ganha na compra,

---

1 Falta visão empresarial para aplicação do conceito de valor nas empresas brasileiras. As Lojas Americanas, em geral, e o seu setor de chocolates, o adota muito bem. Qualquer pessoa em São Paulo sabe onde comprar chocolate com valor. (Veja a Figura 4.3, quadrado 7). O Carrefour, até o início de 1994, vendia valor, com a visão consciente da excelência de operar a baixo custo refletindo em baixos preços para o cliente/consumidor. O sucesso de sua expansão rápida aqui no Brasil deveu-se a essa estratégia de valor. Hoje, o grupo encontra-se sem posicionamento definido em relação a uma das três estratégias de valor, atravessando fases de altos e baixos na percepção do consumidor.

pois obtém maior benefício do produto ou serviço pelo preço que paga. É a expressão da entrega contínua de valor ao cliente/consumidor. O valor total dos atributos percebidos, sendo positivo, leva os clientes/consumidores a concluírem que fizeram um bom negócio. Quando o preço cobrado excede o valor total dos atributos percebidos (negativo), o cliente conclui que o preço cobrado está acima do valor do benefício percebido. Assim, ele rejeita a oferta por julgar que não vale o benefício dos atributos de ter aquele produto. Se, entretanto, por falta de opção, o cliente/consumidor tiver de pagar, irá se sentir traído, por considerar o produto ou serviço caro demais e que, portanto, não valeu a quantia desembolsada, mas foi obrigado por pura falta de opção, comum em país de economia semifechada, como o Brasil.

Quando o valor do preço percebido e o valor do benefício percebido são iguais, "justos", o valor total percebido é neutro. Ou seja, não houve vantagem de benefícios entre as partes, pois cada um pagou pelo que recebeu. Nesse caso, o conceito de valor desaparece. O cliente/consumidor opta pela compra por conveniência, na loja que está mais próxima, levando em conta perda de tempo e esforço físico. É o princípio do mínimo esforço ou do vale a pena. É preciso não confundir "vale a pena" e "valor" individuais das pessoas com o conceito de valor descrito anteriormente.

Figura 4.3
Percepção do cliente/consumidor.

Valor do benefício percebido

Valor do preço percebido	Alto	Moderado	Baixo
Alto	1 Valor razoável, justíssimo (satisfeito)	2 Caro demais	3 Um roubo (assalto)
Moderado	4 Bom negócio, valeu o dinheiro pago	5 Valor razoável	6 Não valeu o dinheiro pago
Baixo	7 Negócio ótimo (melhor não podia ser)	8 Valeu pechinchar	9 Foi razoável (barato)

- Valor positivo de julgamento: quadrados 4 ,7 e 8, sendo o quadradro 7 a melhor situação.
- Valor neutro de julgamento: quadrados 1, 5 e 9.
- Valor negativo de julgamento: quadrados 2, 3 e 6, sendo o quadrado 3 a pior situação.

Muitos executivos e negociadores consideram ideal a situação "ganha-ganha" ou "preço justo". Isso significa praticar um marketing tradicional em vez do marketing de vantagem competitiva. Essa visão tradicional se torna vulnerável no momento em que um concorrente oferece valor superior ao cliente/consumidor. (Veja as Figuras 4.4 e 4.5.)

Figura 4.4
Matriz-padrão de negociação sem a visão do conceito de valor e o conceito justo da negociação (ganha-ganha).

Lojista ou fabricante \ Cliente/consumidor	Ganha	Perde
Ganha	1 Ganha (cliente/consumidor) Ganha (lojista/fabricante) (situação padrão)	3 Perde (cliente/consumidor) Ganha (lojista/fabricante)
Perde	2 Ganha (cliente/consumidor) Perde (lojista/fabricante)	4 Perde (cliente/consumidor) Perde (lojista/fabricante)

Figura 4.5
Matriz da negociação de valor para o cliente/consumidor.

Lojista ou fabricante \ Cliente/consumidor	Ganha mais	Ganha menos
Ganha mais	1 Ganha mais cliente/consumidor Ganha mais lojista/fabricante (situação irreal), pois há sempre Δ+)	3 Ganha menos cliente/consumidor Ganha mais lojista/fabricante (situação valor para o lojista)
Ganha menos	2 Cliente/consumidor ganha mais Lojista/fabricante ganha menos (situação ideal em que o cliente ganha valor)	4 Ganha menos cliente/consumidor Ganha menos lojista/fabricante (situação indesejável)

Na matriz-padrão de negociações sem a visão do conceito de valor, o ideal dos negociadores está voltado para o ganha-ganha mútuo (quadrado escurecido 1 na Figura 4.4). Mas é difícil, em uma negociação, a ocorrência da situação real ganha-ganha. Na negociação ganha-ganha haverá sempre um "Δ+" (delta mais) de ganho favorável para o lojista ou para o cliente. O empate é de difícil mensuração. Sempre um dos lados vai dizer que ganhou um pouco mais que o outro. Para tirar dúvidas, imaginemos uma matriz de negociação ganha mais e ganha menos na qual todos ganham. (Veja a Figura 4.5.)

Na matriz da negociação de valor para o cliente/consumidor (quadrado escurecido na Figura 4.5), o cliente/consumidor sempre perceberá vantagens de ganho na sua compra. Portanto, comprou valor em determinada loja ou fábrica. O cliente vê seu ganho no ato da compra (curto prazo).

O lojista ou fabricante que oferece valor aos seus clientes percebe seu ganho em médio e longo prazos, por manter o cliente/consumidor fiel e continuamente cliente de sua loja ou de sua fábrica. Com o seu CRM, você poderá estudar o perfil comportamental de cada cliente. O fabricante, ou aquele que vende serviço (o lojista), deve fazer seu lucro na contínua repetição da compra pelo cliente, na sua retenção, manutenção e fidelização contínua. Aplica-se o conceito "zero cliente perdido", ou seja, investe-se no relacionamento transparente de reciprocidade.

Uma forma de entender a percepção dos clientes é examinar os efeitos de freqüentes incentivos de descontos em preços ou promoções nas lojas de *shopping centers* e na indústria automobilística.[2]

Se os clientes/consumidores estão acostumados a esperar por descontos ou promoções a fim de efetuarem uma boa compra, isso ocorre porque eles passaram a considerar o preço normal de tabela do produto/serviço ruim, quando muito regular ou neutro. O valor do percentual de desconto ou promoção é visto como a quantia correta do preço normal que deveria ser vendido. Os clientes percebem que o fabricante ou o varejista

2 Ultimamente, no mercado brasileiro, as palavras promoção e desconto estão em todas as vitrinas, como se isso significasse preços baixos. O que acontece é um desgaste do real significado dessas ações mercadológicas.

está cobrando um preço bem acima do normal, o que é muito comum no mercado brasileiro. Mentalidade perversa e atrasada. Por sua vez, o fabricante pode até considerar injusto que o cliente conclua que não fará uma boa compra se o produto ou serviço não estiver em liquidação.

Justo ou injusto, o fabricante não pode ignorar o teorema de W. I. Thomas,(8, p. 173) que diz: "Se os homens definem as situações como reais, elas são reais nas conseqüências". E essa análise é fundamental para a determinação da imagem que a empresa oferece da noção de valor em seu mercado, pois implica a definição e a criação de uma estratégia de marketing de vantagem competitiva de mercado capaz de entregar valor continuamente, sem precisar de desconto ou promoção durante 365 dias ao ano. A estratégia de excelência operacional, que veremos no Capítulo 5, mostra que não são necessários descontos e promoções para se vender um produto/serviço.

O teorema de W. I. Thomas pode ser também interpretado de forma contrária, ou seja, os clientes só efetivarão a compra quando as lojas propiciarem descontos e promoções.

Nesse caso, é difícil uma loja transmitir a imagem de que vende valor e que é leal para com seus clientes/consumidores em função do constante nível de descontos, das flutuações promocionais e da paridade de seus preços.[3] Criar uma "situação de valor real" é criar uma estratégia que agregue valor continuamente, o que levará o cliente/consumidor a ser leal com a empresa que lhe oferecer sempre o compromisso de um produto ou serviço cujos benefícios sejam maiores do que o preço cobrado, sem sacrificar a lucratividade da organização.

É aí que nasce e se fixa na mente do cliente/consumidor a imagem da vantagem competitiva de uma empresa sobre a outra. As pessoas não

---

3 A loja de bolsas da marca Victor Hugo se enquadra nessa situação. A GOL, com a debilidade da Varig, tem variado sua estratégia de sucesso em operar a empresa buscando a excelência de baixo preço. Desse modo, anda confundindo seus clientes e entra no teorema W. I. Thomas. Tem adotado uma política de preços de altos e baixos, com risco de perder o seu posicionamento estratégico de valor, vendendo passagens muitas vezes mais caras que as da TAM. Já a TAM mantém fixo o seu posicionamento da liderança do melhor produto/serviço dentro da aviação brasileira, como também nos trechos internacionais, embora em algumas situações tenha confundido seus clientes na oferta de valor.

compram produtos ou serviços, "compram valor", buscando soluções e resultados eficazes para os seus problemas, respostas às suas necessidades, o que resulta na melhoria do padrão de vida delas.

4.5 Como agregar e oferecer valor

Agregar e oferecer valor ao cliente/consumidor não é uma decisão a ser tomada da noite para o dia. É uma decisão proveniente da cúpula da empresa. Leva tempo para ser construída. Depende também de qual estratégia central a empresa pretende adotar. (Veja o capítulo 3.) O conceito de valor é um "estado de espírito" que vem de cima e deve estar presente em toda a empresa como uma filosofia de trabalho.

É obtido permeando-se os objetivos desse conceito em toda a cadeia de valor da empresa. A começar com os fornecedores, estendendo-se internamente e atingindo os distribuidores dos produtos da empresa, até chegar ao cliente/consumidor final, em um processo amplo e interativo da cadeia de valor desenvolvido pela própria empresa.

Existem três formas de agregar e oferecer valor para os clientes consumidores:

1. Manter constante o valor dos benefícios dos atributos do produto/serviço, reduzindo continuamente os preços de venda.
2. Aumentar continuamente o valor dos benefícios dos atributos do produto/serviço, mantendo constante o preço de venda.
3. Aumentar continuamente o valor dos benefícios dos atributos do produto/serviço, aumentando também o preço de venda dentro de uma paridade que vale o preço que o cliente/consumidor está disposto a pagar.

Na primeira opção, buscamos valor reduzindo os custos operacionais em toda a cadeia de valor criada pela empresa e repassamos essa redução para o preço final de venda do produto/serviço ao cliente/consumidor.

Na segunda opção, buscamos aumentar os benefícios do produto, concentrando os esforços internamente, na organização e nas operações da própria empresa. Na terceira opção, o cliente/consumidor paga o preço *premium* por comprar um produto sem comparação no mercado, ou seja, o produto reconhecido pelo próprio mercado como o melhor. A empresa busca oferecer esses benefícios concentrando grande parte dos esforços internos em pesquisa e desenvolvimento (P&D) de produtos e serviços.

Portanto, para agregar e oferecer valor, não é só dar descontos sobre a lista de preço de venda dos produtos e serviços ofertados no mercado, tampouco aumentar os prazos de pagamento para os clientes/consumidores (dar descontos ou reduzir o preço de venda para oferecer valor é certeza de lucro baixo no final do ano). Também não adianta aumentar o preço de seu produto/serviço por causa de alguma melhoria cosmética para o cliente/consumidor. Nesse caso, o lucro inicial é ilusório.

Para agregar e oferecer valor, é preciso criar uma estrutura organizacional e operacional visível ao cliente/consumidor, como fez a loja de sapatos Shoestock e a GOL Transportes Aéreos, que confrontou Varig e Vasp ao oferecer valor reduzindo continuamente os preços de venda (conforme a primeira opção apresentada). A TAM Linhas Aéreas optou pela segunda forma de agregar e oferecer valor, mantendo constante o preço de venda. Por pouco não perdeu sua oferta de valor. Porém, ao desfazer-se de sua aliança com a Varig, esperamos que retome seu processo de valor. Nutrella Alimentos, que saiu do Sul para brigar com Pão Pullmann e Wickbold em São Paulo, oferece valor a preço *premium*, conforme a terceira opção.

Implantar o conceito de oferecer valor para os clientes/consumidores leva possivelmente um bom período de tempo e muito trabalho interno na organização, pois é um objetivo que se busca em toda a extensão da cadeia de valor. Destruir a oferta de valor na empresa é bem mais rápido que construí-la. Retomar o conceito de valor é desgastante, requer mudanças na estrutura organizacional e reposicionamento da estratégia central da empresa. É começar tudo de novo. Possivelmente, é por isso que muitas empresas brasileiras não ousam ou não sabem como planejar o novo marketing, o da vantagem competitiva. Manter o *status quo* do marketing tradicional é mais confortável que buscar desafios no mundo globalizado e digital.

4.6 Marketing de vantagem competitiva: agregando e transferindo valor para o *marketing mix*

4.6.1 Produto/serviço que agrega valor para o cliente/consumidor

Existem oito dimensões amplas de atributos/benfícios(9, 10) que servem como base de trabalho ou guia para o marketing de vantagem competitiva e para as empresas agregarem valor aos seus produtos/serviços.

Não é necessário que as oito dimensões de atributos estejam presentes nos produtos/serviços oferecidos aos clientes/consumidores. Por causa da diversidade de produtos/serviços existentes no mercado, torna-se difícil aplicar todos esses atributos simultaneamente. Porém, eles são vitais na sinalização, negociação e na própria leitura que os clientes/consumidores fazem de sua oferta de valor e do seu marketing de vantagem competitiva. Eles são:

1. **Performance** – é um atributo/benefício que se refere ao desempenho do produto/serviço ao ser utilizado pelo cliente/consumidor. Para um automóvel, significa potência, aceleração, torque; para um televisor, nitidez da imagem, cores naturais, qualidade do som, recepção da imagem; para o setor de serviços, agilidade, rapidez, cortesia, eficácia no atendimento, solução e resultados transparentes de um serviço eficiente.

   Esteja sempre atento à performance ou ao desempenho dos produtos que competem diretamente com seu produto ou serviço. Alto desempenho dos produtos é reconhecido pelo cliente/consumidor como um atributo que agrega excelente valor. A estratégia de liderança do melhor produto (Capitulo 5) produz saltos constantes no desempenho de um produto/serviço, gerando sempre valor superior ao cliente/consumidor e sustentação competitiva do preço *premium*.

2. **Características** – as características do atributo/benefício do produto/serviço provocam grande empolgação no cliente/consumidor. Elas estão associadas a certas particularidades do produto/serviço. Assim, as características de controle da performance de um automóvel (piloto automático, controle de combustível digital, sensores contra obstáculos a uma determinada distância, capacidade em detectar e acusar anormalidades, orientação e guia de navegação via satélite etc.) são exemplos de características.

   Um *cockpit* digital, muito mais sofisticado e inteligente que o dos concorrentes e que proporcione a sensação de *status* e segurança, também é exemplo de característica do produto. Da mesma forma, um serviço de limpeza que utiliza máquinas de última geração e oferece condições peculiares ou personalizadas em relação aos concorrentes.

   Oferecer um produto/serviço com atributos relevantes, sem cobrar mais por isso, é agregar valor de fato para o cliente/consumidor e planejar um marketing de vantagem competitiva eficaz e eficiente.

3. **Confiança e segurança** – essa dimensão de atributo/benefício reflete o mau ou o bom funcionamento do produto/serviço ou as falhas de desempenho durante um determinado tempo de utilização. Confiança e segurança, portanto, são importantes em razão de custo, tempo e manutenção necessários à preservação do bem ou do serviço adquirido, na medida em que o cliente/consumidor pode se ver impossibilitado de utilizá-lo.

   Dar garantias pós-venda ou oferecer a troca imediata de produtos sem questionamento por alguns dias após a compra são formas vantajosas de agregar valor para o cliente/consumidor e práticas transparentes do marketing de vantagem competitiva. Entretanto, garantias ilimitadas de que o cliente/consumidor está comprando um bom produto ou serviço, em geral, não são significativas para uma empresa que pratica a estratégia de valor do marketing de vantagem competitiva de liderança do melhor produto, por causa da programação constante da obsolescência tecnológica de seus produtos ou serviços. No entanto, é fundamental para uma empresa que busca o marketing de vantagem competitiva com a estratégia de excelência operacional e a de intimidade com o cliente. (Veja o Capítulo 5.)

4. **Conformidade** – essa dimensão de atributo/benefício do produto/serviço refere-se à expectativa criada pelo cliente em relação ao produto ou serviço adquirido, para que tenha bom ou excelente *design*, nível *standard* de operacionalidade e especificação tecnológica de produção. Desse modo, as especificações de qualidade e tolerância são fundamentais para o desempenho do produto ou serviço.

   Exceder às especificações de qualidade praticadas no mercado concorrente é uma forma de oferecer valor, desde que o cliente/consumidor perceba as vantagens e seja comunicado pelos comerciais de televisão ou por outra mídia. Os carros Toyota são um belo exemplo. Eles são produzidos nos Estados Unidos para rodar e durar sem apresentar defeitos até 160.000 milhas ou aproximadamente 250.000 quilômetros no motor e no câmbio, embora a especificação da quilometragem no ato da compra seja bem menor. A Kia oferece hoje, em 2006, garantia até 100.000 milhas, conforme seus comerciais de TV.

5. **Garantia de durabilidade** – são dimensões de atributo/benefício do ciclo de vida (uso e deterioração) de um produto ou serviço. Uma lâmpada queimada em algumas horas de uso tem que ser substituída, tendo em vista que não pode ser consertada. Isso também é verdadeiro para determinados eletrodomésticos ou bens duráveis.

   Na década de 1990, os fabricante de televisão ofereceram quatro anos de garantia contra qualquer defeito, o que acabou revolucionando o mercado concorrente brasileiro. Afinal, o padrão era de um ano de garantia. Como girar um estoque no médio prazo oferecendo quatro anos de garantia? A resposta está no constante avanço tecnológico de novos modelos, na programação da obsolescência dos modelos antigos e na destruição construtiva da tecnologia.

   A durabilidade também pode ser avaliada pelo tempo de utilização de um produto, antes que comece a apresentar defeitos com freqüência e sua substituição seja preferível ao conserto constante.

Portanto, produtos com garantia acima da média de mercado contra qualquer defeito têm um atributo de valor relevante. Enquanto nos Estados Unidos os carros têm garantia geral de durabilidade de 150.000 quilômetros (80.000 milhas) e os eletrodomésticos, de no mínimo cinco anos, aqui no Brasil, as garantias são de 30.000 quilômetros nos carros de luxo (ou dois anos em média com extensão de garantia) e de um ano para os eletrodomésticos. Atualmente, Toyota, GM, Ford e Honda disputam oferecendo três anos de garantia.

6. **Presteza de serviço** – este atributo/benefício significa qualidade, agilidade, cortesia, educação, tempo, compromisso, transparência, competência e facilidades de atendimento, assim como soluções aos problemas dos clientes/consumidores. O atendimento ágil e rápido do McDonald's é um exemplo de "presteza de serviço". Uma empresa que oferece soluções rápidas deleita qualquer cliente/consumidor. Presteza na solução dos problemas do cliente/consumidor é de um valor inestimável, tanto para ele quanto para o marketing de vantagem competitiva da empresa.
7. **Estética** – está entre as dimensões de atributo/benefício mais subjetivas. Envolve aparência, gosto, cheiro, som, sabor, frescor etc. É um julgamento de percepção individual. A estética se difere da dimensão da performance porque esta é desejada por quase todos na compra de um produto, enquanto um atributo estético não o é. Muitas vezes ela agrega valor, porém de difícil motivação, pois nem sempre cativa o cliente/consumidor.
8. **Qualidade percebida** – os clientes/consumidores normalmente não dispõem de informação suficiente sobre os atributos/benefícios de um produto/serviço. A maneira mais indireta de avaliar um produto ou serviço é por meio da imagem e da solidez da marca ou da empresa. Desse modo, reputação (transparência nas ações) é a principal fonte de qualidade percebida. É interessante notar que nem sempre a reputação que um produto ou uma empresa tem hoje será a mesma amanhã. Muitas marcas sem reputação no mercado surgiram na década de 1990 e no início de 2000, pondo em xeque marcas com

anos de tradição. LG *versus* Phillips; LG *versus* Nokia; LG *versus* Brastemp; Dell *versus* IBM e HP/Compaq são bons exemplos. A Samsung também é. Por conseguinte, agregar valor ao produto/serviço no marketing de vantagem competitiva é saber combinar atributos como qualidade, praticidade, beleza, limpeza, elegância, satisfação, *status*, garantia, performance etc. em um produto/serviço oferecido e prometido ao cliente/consumidor no mínimo, ou na pior das hipóteses, a um preço justo. Valor não significa produtos de prestígio. O preço justo é o limite mínimo para começar a oferecer valor ao cliente/consumidor. Lembre-se da matriz ganha mais–ganha menos. (Veja a Figura 4.5.)

4.6.2 Marketing de vantagem competitiva: agregando valor para o cliente/consumidor na promoção e comunicação

- ✓ Ao divulgar seu produto/serviço ao cliente/consumidor, procure despertar unicamente, no seu comercial, "atenção" sobre seu produto ou serviço, "interesse" sobre os atributos relevantes e o "desejo" de compra.
- ✓ Crie energia de ação, mobilizando o cliente a comprar o produto, ou seja, provoque **Aida** (atenção, interesse, desejo, ação). Do contrário, estará tomando o tempo do cliente/consumidor e desperdiçando o dinheiro da empresa desnecessariamente. Aqui, "informar valor" é o uso eficiente do tempo do comercial, ressaltando a utilidade dos atributos do produto que agregam valor ao cliente/consumidor durante a comunicação.
- ✓ Demonstre que você oferece garantias sempre superiores às esperadas pelo cliente/consumidor. Caso haja dúvidas, devolva o dinheiro ou ajude a esclarecer o problema, a fim de justificar o preço que o cliente pagou pela mercadoria; do contrário, a concorrência tomará seu cliente. Seja transparente.
- ✓ No processo de comunicação, evite criar um clima irreal de atributos que não corresponda à performance do produto/serviço. Procure divulgar os benefícios que de fato seu produto oferece. Afinal, você

não vende ilusões. As propagandas de brinquedo são ilusórias, vendem ilusões, mas não exagere. As de cerveja, sem comentários.

- ✓ Também não queira sofisticar seu comercial para televisão com artificialismo do que é trivial. Evite expectativas irreais, do contrário não haverá lealdade (reputação) em relação à sua marca. E marca hoje é sinônimo de compromisso, lealdade, transparência e relacionamento com o cliente/consumidor. Não é mais um símbolo de marcas mais lembradas ou retidas na mente do cliente/consumidor (*share of mind*), como era no passado, nas decisões de compra e nas negociações com os veículos de comunicação via bombardeio de comerciais de televisão.
- ✓ Construa um relacionamento magnético (como ímã) com seus clientes. Custa caro vender para eles, mas será mais caro perdê-los e, mais caro ainda, recuperá-los. Assuma uma atitude ética e profissional nos seus processos de comunicação.

4.6.3 Marketing de vantagem competitiva: agregando valor para o cliente/consumidor no ponto de distribuição

Localização conveniente, estrutura de tempo, variedade de produtos que realmente satisfazem o cliente/consumidor (mas cuidado com exageros), presteza no serviço/atendimento, estacionamento (os restaurantes de São Paulo cobram valores abusivos por seus estacionamentos quando deveriam oferecer gratuitamente esse serviço), pagamentos facilitados (cartões de crédito), garantia ou devolução dos produtos, bem como preços que valem a compra em um determinado varejista ou loja. Todos esses itens são atributos relevantes no que tange à agregação de valor para o cliente/consumidor no ponto de distribuição ou ponto-de-venda.

Lembre-se de que, em futuro próximo, não teremos mais moças atendendo às caixas registradoras de supermercados e de lojas, escaneando os preços dos produtos. Nós mesmos escanearemos os produtos e iremos pagá-los com o nosso cartão de crédito. Sair da loja sem escanear os produtos provocará o disparo de alarmes e nos sujeitará a vexames policiais. Já é realidade a compra de produtos *on-line* em vários setores do varejo.

4.6.4 Marketing de vantagem competitiva: segmentação de mercado que traduz valor para o cliente/consumidor

Para segmentarmos o mercado utilizando o conceito de valor, devemos empregar as oito dimensões dos atributos de um produto ou serviço descritas anteriormente.

Segmentar o mercado com base em classe social, faixa etária, sexo etc. são processos e métodos que pouco expressam e agregam valor para o cliente/consumidor. Imagine o extremo, segmentar o mercado de "sal" por classe social, donas-de-casa loiras, morenas, desquitadas. Agrega quase nada. Vejamos o exemplo de segmentar um carro para as classes sociais média e alta, associando-o à faixa etária acima dos 35 anos. Isso pouco nos diz sobre o valor. Apenas estabelece limites de classe socioeconômica e faixa etária. Devemos combinar fatores demográficos, psicográficos e sociológicos no processo, de forma simultânea.

O que precisamos saber é, dentro desse limite, quem compra o carro? Por que compra? Para buscar que benefício e que dimensões de atributos de valor? Serão consumidores potenciais todos que estão inseridos nas classes sociais média e alta e associados à faixa etária acima dos 35 anos? Claro que não! Então, como segmentar o mercado de carro adequadamente, oferecendo valor? Veja:

1. Liste todos os possíveis atributos do produto "carro", por meio de uma pesquisa com os clientes/consumidores limitados nas classes média e alta e que tenham acima de 35 anos, como foi estabelecido anteriormente. Na pesquisa, devemos encontrar os seguintes atributos dos motivos pelos quais pessoas compram automóveis:

    - *Status*;
    - design;
    - conforto;
    - segurança;
    - tecnologia;
    - desempenho (torque);
    - locomoção;
    - baixa manutenção;
    - necessidade econômica (preço);
    - economia de combustível;
    - durabilidade;
    - fácil mobilidade no trânsito etc.

2. Com base nos atributos listados, investigue e identifique aqueles que realmente influenciam a compra do carro pelo consumidor nas classes econômicas e na faixa social estabelecidas. Geralmente, o consumidor mencionará de três a cinco atributos principais que influenciam sua escolha e sua decisão de compra, embora outros estejam embutidos. (Veja a Figura 4.6.) Peça para colocá-los em uma seqüência de importância (como num *ranking*), de acordo com suas prioridades. Você poderá encontrar dentro do limite classe média e classe alta acima de 35 anos agrupamentos de atributos, que são chamados de *clusters* de decisão de preferência. Portanto, é possível ter: *cluster* 1, *cluster* 2 e *cluster* 3.
3. Estabelecido o *cluster* que você identificou na pesquisa, é hora de definir o segmento de mercado pelas necessidades e os atributos de "valor" que o cliente/consumidor está buscando na decisão de sua compra.

Figura 4.6
Formação de *clusters* de preferência.

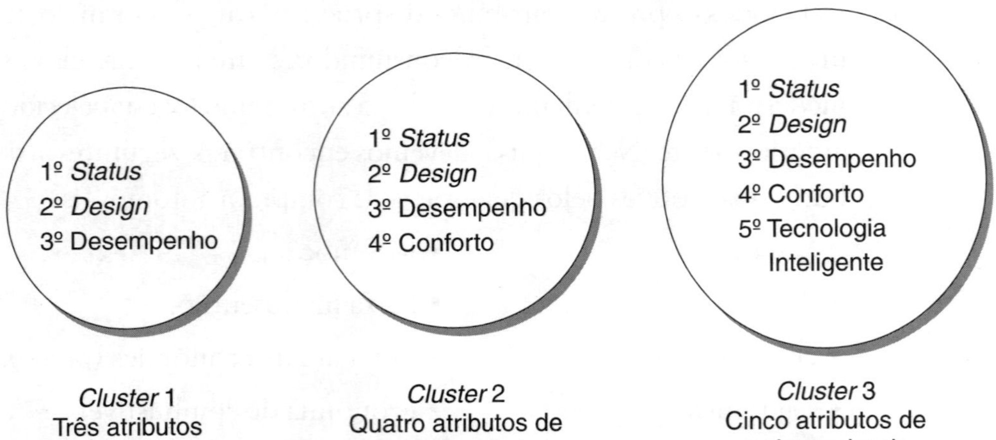

Cluster 1
Três atributos de maior poder de decisão por ordem de prioridade.

Cluster 2
Quatro atributos de maior poder de decisão por ordem de prioridade.

Cluster 3
Cinco atributos de maior poder de decisão por ordem de prioridade.

4. Dimensione em valor monetário (reais) e em unidades o potencial de cada *cluster* por meio de pesquisas nos pontos-de-venda realizadas por órgãos como o Instituto Nielsen, a Fundação Instituto Brasileiro de Geografia e Estatística (IBGE), associações de classe e até mesmo pelas premissas de seu bom senso.
5. Com base nos atributos do *cluster*, ofereça "valor" fabricando um automóvel projetado e desenhado com base nas prioridades do *cluster*. Ao vender o carro, por intermédio do revendedor, da concessionária, da internet ou da mídia, informe o cliente/consumidor dos acessórios relacionados com os atributos que oferecem valor para ele, contidos no *cluster* escolhido. Oferecer paralamas na cor do carro, *brake light*, luz no porta-luvas, acendedor de cigarros, bancos ajustáveis, cinto de três pontos etc. como se fossem acessórios de valor é agredir o cliente ou simplesmente chamá-lo de bobo.
6. Ofereça um preço que valha os atributos que ele está buscando e pelos quais está pagando. Agregue valor oferecendo espelhos retrovisores com desembaçadores, controle de autonomia de combustível, consumo por quilometragem, *air-bag*, freios *antiblock braking system* (ABS), três anos de garantia, bancos de couro, serviço de manutenção grátis até 50.000 quilômetros, sensores de marcha à ré no pára-choque traseiro, sem cobrar valores exorbitantes por esses acessórios. Isso é oferecer benefícios dentro das oito dimensões dos atributos de valor do marketing de vantagem competitiva.
7. Tome por norma que os atributos gravitam. Um ou dois deles podem estar sendo considerados prioridade nos dias de hoje, mas amanhã não serão mais. Um outro atributo de expectativa futura os substituirá, porém o *cluster* de atributos é quase estático.

   Um painel com um *cockpit* informando tudo sobre o motor, as condições das pastilhas, sensores de distâncias de freagens e muito mais poderá ser, no futuro, o atributo de prioridade número um no Brasil, quer dizer, o atributo da "tecnologia inteligente".

O marketing de vantagem competitiva deverá sempre antecipar os atributos das necessidades futuras dos clientes/consumidores e transformar esses atributos em um produto ou serviço de valor para os seus clientes/consumidores.

8. "Posicione" o produto carro na mente do consumidor, conforme nosso exemplo, que serve também para qualquer produto/serviço, por meio de comerciais para televisão, enfocando dois ou três atributos dos mais relevantes. Por meio de pesquisa feita no *cluster*, o consumidor deu valor a esses três atributos na sua decisão de compra. Entre os três, escolha o que apresenta melhor vantagem em comparação com os de seus concorrentes e posicione finalmente o seu produto/serviço com esse atributo, considerado o melhor em relação às concorrentes do mercado.

9. Desenvolva as ações do *marketing mix* (produto/serviço, preço, promoção, ponto de distribuição) totalmente orientadas para o *cluster* do segmento definido. Desse modo, fica visível e prático para o executivo do marketing de vantagem competitiva tornar operacional o seu *marketing mix*, conforme a Figura 4.7, ajustado ao segmento ou ao *cluster* de prioridades que satisfazem às necessidades do cliente/consumidor com os benefícios de valor que ele deseja.

Por fim, "valor" é a base contínua da competitividade entre as empresas. Quem perseguir e continuamente adotar esse conceito como meta aumentará suas vendas e terá a lealdade de seus clientes/consumidores. Comprar ganhando vantagens e com a satisfação de que se fez uma excelente compra ou um bom negócio mexe com o orgulho de qualquer um de nós consumidores. Enaltece também qualquer diretor de marketing consciente do conceito do marketing de vantagem competitiva.

Comprar um vinho por um preço bom e, ao abrir a garrafa, descobrir que ele vale mais do que foi pago é o desafio constante dos apreciadores da bebida. O mesmo desafio pode ser traduzido para os praticantes do marketing de vantagem competitiva, na venda de seus produtos/serviços: fazer com que seus clientes recebam muito mais pelo que pagaram.

Figura 4.7
Marketing mix e variáveis táticas.

Marketing mix e variáveis táticas

Mix de Produtos
- Matéria-prima/ produto
- Fluxograma das etapas dos serviços e treinamento pessoal
- Embalagem nome, design
- Marca, rótulo
- Garantia
- Instruções de uso
- Assistência técnica
- Linha de produto/serviço
- Serviço/ atendimento

Mix de Preços
- Preço fabricante
- Preço atacadista
- Preço varejista
- Descontos
- Bonificação
- Prazo de pagamento: 15, 30 e 45 dias etc.
- Preço do serviço à vista/ parcelado na conclusão

Mix de promoção
- Face a face:
  - vendas
  - negociação
- Promoção em massa
  a) propagandas
    - eletrônica
    - impressa
    - tráfego
  b) publicidades
    - eletrônica
    - impressa
- Promoção
  a) merchandise
  b) feiras
  c) catálogos
  d) bandeirolas
  e) cupons etc.
- Mala direta
- Telemarketing
- Relações públicas
- Multimídia simultânea
- Mídia digital
  a) intranet
  b) extranet
  c) internet (sites)

Mix de distribuição
- Distribuição direta-varejo
- Distribuição indireta-atacado
- Distribuição porta a porta
- Transporte e depósito
- Armazenagem e estocagem
- Logística e entrega
- Logística digital interligada com clientes e fornecedores

questões para refletir

1. Quais os motivos (conscientes ou inconscientes) que levam os consumidores a pensarem cada vez mais no conceito de valor?
2. O que é marketing de vantagem competitiva no seu entender?
3. Uma vez difundida a noção de valor, os produtos de grife tendem a desaparecer do mercado?
4. Agregar e oferecer valor ao consumidor são sinônimos de produtos/serviços caros, sofisticados, de alta qualidade, ofertados a classe social de alto poder aquisitivo?
5. Agregar ou oferecer valor, reduzindo custos, é quase o mesmo que oferecer descontos promocionais periódicos ou eventuais bonificações e brindes?
6. No seu entender, qual a estratégia usada por empresas como Mercedes-Benz, BMW, Audi, pelos altos preços cobrados dos consumidores? Quem você acha que deve ganhar a competitividade entre elas? Opine. Explique. Como ficam as duas gigantes, General Motors e Ford, no mercado?
7. Qualidade é um atributo de valor. É o único que deve ser mostrado ao cliente como condição *sine qua non* para a sobrevivência da empresa?
8. Agregar valor (oferecer mais benefício) a um determinado produto, mas sem que ele seja percebido pelo cliente/consumidor, justifica o chamado preço *premium* cobrado?
9. O departamento de recursos humanos na empresa agrega valor para o cliente/consumidor?
10. Na empresa, o que não agrega valor deve ser descartado ou terceirizado?
11. "Valor" diz respeito ao posicionamento ou à promoção de uma imagem do produto/serviço?

5

Definindo as estratégias superiores do marketing de vantagem competitiva que oferecem valor continuamente

5.1 Conceitos

As empresas não podem mais aumentar seus preços simplesmente repassando os custos. Ao contrário, elas têm de baixá-los, agregando cada vez mais benefícios, ou seja, "valor". Também não podem cobrar mais por serviços extras. Serviços extras retêm os clientes.

No passado, clientes especiais recebiam tratamento extraordinário. Atualmente, o tratamento extraordinário tornou-se ordinário. Os clientes/consumidores querem produtos e serviços modernos com o mínimo de esforço de compra, sem defeitos e fáceis de usar. Com algumas exceções, eles fazem distinção entre fabricantes e marcas.

As gerações atual e futura de consumidores não querem perder tempo pensando; querem tudo pronto, de modo prático e eficiente. Isso está presente no nosso dia-a-dia e em sala de aula: um bom serviço não é o bastante; o cliente quer produtos/serviços excelentes, que inovem e excedam as suas expectativas.

É necessário, portanto, oferecer produtos/serviços cuja superioridade, em termos de inovação e criatividade, faça arregalar os olhos o cliente.

O "uau!" do desempenho tem que estar presente no cliente/consumidor de hoje. Qualidade, rapidez e perfeição eram atributos de produtos/serviços diferenciados. Agora são características comuns.

Os clientes penalizam fornecedores que infringem a data de entrega e as normas organizacionais. Antes, para os profissionais do marketing tradicional, expandir linhas de produtos com alguma melhoria significava diferenciar produtos. No mercado atual, se produtos e serviços não forem recriados e diferentes, utilizando-se tecnologias de ponta em termos de performance e *design*, o cliente/consumidor não se entusiasmará. Também não se motivará com diferenciações de produtos que não agregam valor para ele, as cosméticas, como as do automóvel Gol geração IV.

A dinâmica de venda do produto no mercado tem se tornado difícil. E as indústrias, no Brasil, ainda não se deram conta desse novo comportamento do cliente/consumidor, mais retraído, com baixo poder aquisitivo e valorizando o seu dinheiro. A indústria brasileira de televisores não teria perdido excelentes oportunidades de vendas, na Copa do Mundo de 2002, caso tivesse empregado o "uau!" das recentes tecnologias de desempenho de imagem dos televisores produzidos em países desenvolvidos. O que se viu foi uma venda tímida, uma miopia mercadológica, por não se analisar as tendências de como o consumidor deseja o produto. Os televisores tipo "telão" de alta resolução foram os vencedores de um segmento bem restrito de consumidores.

No passado, se o custo aumentava, aumentavam-se também os preços para proteger as margens de lucro. Na atual conjuntura, é preciso baixar os preços e continuar baixando-os por meio da eficiência e da excelência organizacional ou, então, criar e inovar produtos e serviços de forma empolgante para aumentar as margens de lucro e cobrar o preço *premium*.

Para maximizar o processo do marketing de vantagem competitiva de entrega contínua de valor ao cliente/consumidor, as empresas necessitam antes definir claramente sua missão, sua estratégia central superior de vantagem competitiva, sua visão e seus valores. No propósito da missão da organização, há toda uma crença corporativa para se definir o negócio. A determinação da direção em que a empresa atuará tem como base os produtos atuais e futuros, conforme os valores sinérgicos de sua cultura e de sua tecnologia, obtidos ao longo de sua existência.

Todas as organizações possuem um sistema fundamental de crenças e valores que orienta o comportamento diário de todos os funcionários que ela possui. Seja perceptível, consciente ou inconsciente, esse sistema existe.

Uma estratégia central superior do marketing de vantagem competitiva e de valor para a empresa(1) tem de ser uma decisão consciente, estabelecida pela alta direção, em conformidade com a missão e a natureza de seus produtos. Assim, um produto/serviço no qual o cliente/consumidor não perceba diferenças, à semelhança das *commodities*, será sempre passível de imitação.

Por mais que a empresa queira mostrar ao cliente/consumidor que seu produto é diferenciado pelo serviço, marketing tradicional, ele não nota diferenças ou as considera irrelevantes, como se fosse obrigação da empresa oferecê-las. Nesse caso, a empresa só poderá ser eficiente se, dentro de sua missão, buscar uma estratégia central superior de vantagem competitiva que entregue valor, oferecendo no segmento ou no mercado em que atua produtos e serviços confiáveis e bons, ao mais baixo preço do mercado. E ainda perseguindo o "estado da arte" de operar a empresa com um marketing de vantagem competitiva na forma da excelência operacional, de baixar os custos continuamente em toda sua cadeia de valor.(2)

Mas as empresas que, de acordo com sua missão, optam por uma estratégia central de vantagem competitiva de liderança do melhor produto[1] estão de fato oferecendo um produto avançado e inovador em termos de desempenho, utilização, aplicação e características tecnológicas. Por conseguinte, estão tornando os produtos dos concorrentes obsoletos. Elas perseguem sempre o "estado da arte" com o lançamento contínuo do melhor produto no mercado.

O preço *premium* cobrado tem sua paridade estabelecida em pesquisa com os consumidores, com base no preço máximo que o cliente está disposto a

1 Mercedes-Benz e BMW, consideradas as melhores fabricantes de carros, não são líderes de vendas em automóveis, mas têm os melhores carros da indústria automobilística.

pagar pelo melhor produto. Desse modo, a empresa consegue agregar continuamente valor, oferecendo sempre um produto incomparável com os concorrentes. Os benefícios e as expectativas dos clientes/consumidores de ter um produto inigualável tornam-se bem maiores em relação aos produtos/serviços dos concorrentes.

A empresa, portanto, pode adotar uma estratégia de preço *premium* em sua política de vendas e obter lucros bem mais significativos.(2) Não quer dizer que a empresa será líder em participação de mercado. É líder em ter o melhor produto no mercado.

Por sua vez, na estratégia central de vantagem competitiva de intimidade com o cliente, as empresas preocupam-se em oferecer produtos específicos não padronizados, individualizando as necessidades de cada cliente/consumidor de forma rápida, objetiva e flexível, cumprindo todos os requisitos da customerização.

Customerização é muito mais que personalização de produtos, que é um conceito limitado a escolhas de produtos de um certo padrão. A escolha de um *desktop* Dell via internet é um exemplo de personalização.

Na estratégia central de vantagem competitiva de intimidade com o cliente, as empresas segmentam o mercado de maneira precisa para obter a lealdade do consumidor em detrimento da concorrência. Não buscam somente transações de vendas, mas intimidades[2] profundas com os clientes/consumidores, oferecendo-lhes soluções específicas, aconselhamento, dedicação e conhecimento íntimo dos seus negócios.[3]

Clientes e consumidores buscam interagir com a cultura organizacional da empresa, e os preços são negociados a valores no mínimo justos. As empresas prestadoras de serviços são as que mais se adaptam a esse tipo de estratégia.

Com o acúmulo de informações e dados, mais o profundo conhecimento das necessidades de cada cliente (cada caso é um caso), hospitais, clínicas médicas, médicos com consultórios particulares, o setor da construção civil com apartamentos customerizados, alguns bancos, seguradoras

---

2 Intimidade aqui não significa relacionamento, proximidade, afinidade, parceria, mas sim dependência mútua. Se um perde, o outro perde também, ou ambos ganham.

3 Não confundir com parceria.

e empresas industriais com parcerias terceirizadas atuando na cadeia de valor (*supply chain*) do cliente podem adotar essa estratégia com sucesso.[4] (Veja a Figura 5.1.)

Figura 5.1
Proposta das três estratégias do marketing de vantagem competitiva que oferecem valor continuamente para o cliente/consumidor.

4 Não confundir estratégia de excelência operacional com eficiência operacional. São visões e conceitos bem distintos, como veremos.

5.2 Estratégia do marketing de vantagem competitiva de excelência operacional

Ao perseguir a estratégia de "excelência operacional", a empresa terá como essência filosófica oferecer, no segmento de mercado em que atua, um bom ou ótimo produto ao cliente/consumidor, ao mais baixo preço de mercado, com um serviço padronizado. Isso é possível após a empresa ter passado por alguns anos de reestruturação dos processos organizacionais ou quando já estiver operando com uma administração horizontal (veja os Capítulos 6 e 8), melhor eficiência administrativa e custos operacionais baixos.

Portanto, o preço baixo do produto terá sido alcançado ao longo de alguns anos de trabalho com o objetivo de baixar custos operacionais e organizacionais da empresa e repassá-los ao cliente/consumidor. Algumas empresas não precisam de reestruturação. São projetadas e nascem com essa estratégia já delineada, como nos casos da GOL e da Shoestock.

Essa estratégia de excelência operacional procura empregar com habilidade alguns dos vários **orientadores de custo** – economia de escala, curva do aprendizado, capacidade eficiente de utilização dos equipamentos (*on demand*), interligação dos processos organizacionais *on-line*, tempo, espaço, localização, integração de todos os participantes da cadeia de valor, rede de computadores entre empresas, serviços ágeis (não-matéria) – em uma estrutura empresarial administrada por processos horizontais.

Na empresa horizontal ou processual, não podem existir atividades que não agreguem valor ao cliente/consumidor. Qualquer atividade ou processo que não agregue valor (que não esteja ligado diretamente ao cliente/consumidor) não tem razão de existir, pois representará um custo injustificável a ser transferido para o preço final do produto. Portanto, onerará o preço final do produto, e a empresa perderá o efeito competitivo da essência da estratégia de "excelência operacional", conforme descrevemos anteriormente.

A essência competitiva (*core competence*) da estratégia de excelência operacional está especificamente em criar uma fórmula ou um DNA[5] de redução de custo continuamente em toda a cadeia de valor da empresa que seja de difícil cópia pelos competidores, cujos aspectos básicos são:

- ✓ Diminuição contínua dos custos administrativos em toda a cadeia de valor, empregando, de maneira eficiente e de acordo com as possibilidades, os orientadores de custo mencionados anteriormente.
- ✓ Agilidade do serviço ao cliente/consumidor.
- ✓ Implantação de um sistema de informação *on-line* único e comum a todos os participantes do processo, administrado horizontalmente e interligado às empresas que compõem a cadeia de valor.(2)
- ✓ Consideração de que o cliente/consumidor é o chefe e o objetivo máximo da empresa. Todos na empresa trabalham para o cliente/ consumidor, buscando conhecer suas necessidades atuais e futuras.
- ✓ Administração da empresa será regida por líderes de processos, sem a hierarquia burocratizante da empresa vertical.

As empresas que mais se adaptam à estratégia de excelência operacional(3)[6] são aquelas cujos perfis requerem produtos nos quais o cliente/consumidor não reconhece diferenças, por mais que o profissional de marketing insista em diferenciá-los. Há algum tempo, essas ações do marketing tradicional eram perfeitas.

5 DNA é uma sigla da Biologia que significa ácido desoxirribonucléico (do inglês *desoxyribonucleid acid*). É a essência do material genético que um ser recebe, metade do pai e metade da mãe, formando um conjunto de características. O autor faz uma comparação entre a essência do material genético exclusivo de cada ser com a essência competitiva de cada empresa.

6 A estratégia de excelência operacional está acima da eficiência operacional. Nessa estratégia, obtém-se a fórmula global da organização de vender produtos ao mais baixo preço no segmento de atuação, de modo que os concorrentes não possam imitar e competir em preço. Com essa estratégia, a empresa obtém também lucros e remuneração dos mais gratificantes aos acionistas. Michael Porter critica a estratégia de excelência operacional por achar que não é estratégia. O problema é uma questão de batismo de nome. A estratégia de excelência operacional é muito mais do que a estratégia de liderança de custo.

Atualmente, o cliente/consumidor não aceita diferenciações cosméticas, prefere diferenciações inovadoras e criativas, inigualáveis, que agregam valor ao produto que irão comprar.

Portanto, o profissional do marketing de vantagem competitiva precisa conscientizar-se de que hoje existem produtos diferentes e produtos diferenciados. Para produtos diferenciados, o cliente/consumidor não paga mais o preço *premium*. O cliente/consumidor está muito bem informado e distingue as duas situações.

Muitos profissionais do marketing tradicional pecam ao querer exaltar as diferenças de seus produtos com propagandas artificiais, quando essas diferenças já deixaram de entusiasmar o cliente/consumidor.

Também pressionados pela alta administração e geralmente pelo pessoal de finanças, que insiste em fazer alguma coisa diferente para aumentar as vendas, na busca de caixa ou capital de giro, muitos profissionais do marketing tradicional desenvolvem campanhas que fatalmente levam as empresas a custos de produção mais elevados em razão da exagerada extensão da linha de produtos, da criação de embalagens de visuais diferentes e lançamentos de produtos efêmeros, que demandam altos estoques, cujo resultado final é o baixo giro de vendas a médio prazo e o custo do capital retido no próprio estoque ou entregue às grandes redes de supermercados com descontos e prazos dilatados.

Isso tudo gerando preços mais altos, quando de fato deveria ser trabalhado o contrário: uma linha simples, porém eficiente, de produtos de boa vendagem, que o cliente realmente desejasse comprar, a preço mais baixo, como resultado da eficiência e da excelência de operar a empresa a baixo custo.

Desse modo, a concorrência teria dificuldades em equiparar seus custos e preços finais aos da empresa que pratica a estratégia de excelência operacional.(4) A miopia da alta administração em não adotar uma das três estratégias superiores de vantagem competitiva mencionadas como postura definida da empresa dificulta qualquer sucesso de marketing atualmente.

Vejamos, como exemplo, o papel xerográfico Chamex, da International Paper, comparado com o Report, da Companhia Suzano de Papel e Celulose. A qualidade desses dois papéis terá pouco impacto sobre a qualidade da fotocópia, quando esta chegar à mesa de um executivo. Nenhum consumidor irá se gabar de que a cópia de um documento que chegou à sua mesa era Chamex ou Report. O consumidor, no caso, o executivo, considerará o produto essencialmente similar ou homogêneo. Por sua vez, o comprador da empresa, em qualquer situação, comprará o papel (Chamex, Report ou Copimax) que estiver mais barato. O que é interessante nesse mercado é que, no espaço de um mês, os preços variam entre os fabricantes. Tudo é uma questão de quem tem mais estoque, e isso se reflete nos lucros ao final do ano. São empresas sem definição de uma estratégia central, ou seja, sem um marketing de vantagem competitiva.

A empresa de papel que adotar a excelência operacional terá o preço mais baixo perante seus concorrentes durante os 365 dias do ano.

Para uma empresa que vende produtos similares, não há outra opção a não ser definir e embarcar na filosofia consciente de ter a excelência operacional como estratégia superior do marketing de vantagem competitiva. Adotando-a, a empresa sempre venderá seu produto por um preço mais baixo que o dos concorrentes, sem sacrificar a lucratividade ou oferecer promoções extraordinárias. O cliente estará invariavelmente comprando valor e tornando-se fiel à empresa por saber que ninguém vende com preços menores.

No setor industrial, muitos fornecedores deveriam desenvolver essa estratégia em virtude de venderem produtos similares. Os fabricantes de latas para a indústria de alimentos ou de tintas, e também os de papel higiênico, deveriam analisar essa estratégia, pois são pura *commodities*. Quem adotar, na sua essência, e praticar o marketing de vantagem competitiva da excelência operacional conseguirá grande fatia do mercado para produtos percebidos pelo consumidor como similares. O exemplo serve não só para o setor de latas, mas para vários outros setores comodizados. Muitos profissionais do marketing tradicional acham que produtos comodizados podem ser diferenciados oferecendo-se o melhor serviço. Não é verdade. Não há sustentação, pois seu concorrente copiará rapidamente seus serviços, comodizando tudo novamente.

No mercado varejista, em especial, as cadeias de supermercados que adotarem a estratégia do marketing de vantagem competitiva de excelência operacional ganharão a vantagem competitiva entre elas. Em um período de alta inflação, no passado, o Carrefour, por exemplo, embora não tivesse optado pela excelência operacional de forma consciente, pôde crescer rapidamente no Brasil por utilizar uma tecnologia administrativa superior à dos concorrentes: ensaiou o processo e transformou o varejo brasileiro. Porém, aos poucos, a concorrência foi absorvendo suas técnicas e agregando outras, tanto que hoje pode até superá-lo. O certo é que o Carrefour não é o mesmo! Seu ensaio de estratégia de marketing de vantagem competitiva de excelência operacional a baixo custo ou a preços baixos durante a década de 1985-1995 deveria ter sido contínuo, inigualável, projetado e atualizado aos dias atuais até obter o seu *core competence*, que fatalmente seria de difícil cópia pelos concorrentes. Ele teria o seu “DNA” de saber operar a baixo custo toda a sua cadeia de valor.

No varejo brasileiro de supermercado, ainda não existe uma empresa 100% na verdadeira essência que persiga a excelência de operar a baixo custo. Todas ensaiam. Para adquiri-la, não é da noite para o dia. São necessários de dois a três anos, aproximadamente, para que o consumidor identifique, de acordo com as suas condições de percepção, que a empresa pratica o marketing de vantagem competitiva, oferecendo valor a baixo preço.

As Lojas Americanas, no setor de chocolates, é um belo exemplo; porém, no todo, poderia se definir melhor. O restaurante Galeto’s também teve grande sucesso na década de 1980, quando oferecia valor praticando o marketing de vantagem competitiva de excelência operacional a baixo preço. Hoje, não tem uma estratégia definida! A Itautec demonstra que precisa caminhar na linha da excelência operacional e buscar o marketing de vantagem competitiva a baixo preço. Seus computadores são bons produtos, vendidos ao mais baixo preço do mercado, mas a empresa ainda não aparenta estar consolidada nessa direção estratégica. Enquanto a HP/Compaq, no Brasil, como veremos adiante, caminha na linha da liderança do melhor produto, cobrando o preço *premium* no mercado, embora nos Estados Unidos tenha a estratégia do marketing de vantagem competitiva de baixo preço. Lá, não dá para competir com Sony e Toshiba, que disputam a estratégia do marketing de vantagem competitiva da liderança do melhor produto. Ambas atuam no mesmo mercado.

A fabricante de impressoras Canon pratica excelência operacional enquanto a Hewlett Packard (HP) pratica a liderança do melhor produto no mercado, com uma marca já consolidada no mundo.

No Brasil, em mercados similares ou comodizados, a empresa que primeiro adotar a estratégia central da excelência operacional na essência tomará conta do mercado em que atua e tranqüilamente poderá competir em igualdade no mundo. A maior dificuldade reside no fato de que as empresas brasileiras não têm paciência e, com o tempo, perdem o estímulo de perseguir esse objetivo, no qual o fator perseverança é fundamental.

Os diretores financeiros, pela falta de visão do marketing de vantagem competitiva, são os primeiros a conduzir essa estratégia com indiferença. Querem investir e obter retornos rápidos com risco zero. As inovações administrativas na redução de custo terão de ser constantes e levam tempo para se consolidarem e serem percebidas pelos clientes/consumidores.

A essência competitiva da empresa (*core competence*), na estratégia do marketing de vantagem competitiva a baixo preço, é empregar fórmulas e técnicas administrativas inovadoras e insuperáveis em relação à concorrência para reduzir sempre os custos, sem sacrificar a lucratividade da empresa.

É preciso se auto-superar continuamente, objetivando a renovação das excelências operacionais rumo a uma organização que opere com o mais baixo custo administrativo para o cliente/consumidor, bem como sinalizar ao mercado, em seu processo de comunicação, que o cliente/consumidor pagará pelos atributos de seu produto ou serviço sempre o preço mais baixo do mercado.

É interessante observar que muitos executivos da área do **marketing tradicional** não se simpatizam com essa estratégia, pois o desafio é reduzir o custo organizacional e oferecer um bom produto de forma padronizada. Nesse caso, o espaço de manobra de melhoria de produtos/serviços tem que ser traduzido em redução de custo, contrariando muitas vezes o processo de criatividade do marketing, mas premiando a excelência da criatividade do serviço organizacional de operar a baixo custo, situação em que a criatividade não deixa de ser usada continuamente.

É preciso reconhecer que o marketing sofreu mudanças valiosas nessa virada de século. A visão é muito mais do todo do que das partes. Países sem vocação em P&D, como China, Brasil, Índia e México, tendem a seguir a estratégia de excelência operacional a baixo custo.

Figura 5.2
Exemplos de empresas/produtos que se enquadram na estratégia do marketing de vantagem competitiva da excelência operacional a baixo custo.

BRA – Transportes Aéreos
C&A
Camisaria Colombo
Casas Bahia
HP (notebooks – nível mundial)
Dell
GOL Transportes Aéreos
Habib's
Íbis Hotel (Accor Hotels)
Lustres Yamamura
McDonald's (Indefinido, já foi exemplo)
Postos de Gasolina Carrefour
Produtos LG
Refrigerante Dolly
Remédios genéricos
Shoestock
Vivara (jóias)
Wal-Mart
Wella

5.2.1 Orientações básicas para implantar em sua empresa a estratégia do marketing de vantagem competitiva da excelência operacional a baixo preço de mercado

Normas Gerais

✓ Padronize as operações organizacionais de forma simples, porém planejada e controlada, sem engessar a empresa.

✓ Estabeleça sistemas administrativos informatizados, confiáveis, rápidos, padronizando as normas de trabalho da empresa, focalizados em transações de redes computadorizadas (*on-line*) e integrados aos processos administrativos internos da empresa e aos dos fornecedores. Os programas SAP, Microsoft, Oracle, Cisco e outros poderão ser bastante úteis.(5)

- ✓ Otimize os processos administrativos, sem burocracia, desde a entrada até a saída, a fim de minimizar os custos e as soluções de bons resultados para os clientes.
- ✓ Pratique a cultura que abomina o desperdício e premia a eficiência.
- ✓ Estabeleça o custo por atividade de cada processo essencial ou central. (Veja o Capítulo 8.)

Normas Organizacionais

- ✓ Ofereça ao cliente/consumidor uma combinação de conveniência de compras e serviços com qualidade e preço baixo que nenhum dos concorrentes consiga alcançar.
- ✓ Adote a estratégia de excelência operacional na empresa para depois adotar o marketing de vantagem competitiva a baixo custo, tendo em mente que essa estratégia não despreza a cultura da inovação e cultiva um relacionamento amigável com o cliente ao oferecer um bom ou ótimo produto, cujo padrão é comparável ao do mercado. Ela tem por base e princípio ser altamente inovadora na redução do custo de produtos e serviços sem sacrificar a qualidade.
- ✓ Ofereça, no seu segmento de atuação, sempre o preço mais baixo do mercado, bem como garantias, evitando transtornos e aborrecimentos futuros aos clientes/consumidores.
- ✓ Otimize eficientemente os três processos centrais (desenvolvimento de produto, logística do pedido e suporte ao cliente/consumidor) para minimizar os custos e ter preços baixos continuamente. (Veja o Capítulo 6.)
- ✓ Mantenha um número ideal de produtos por linha que satisfaça plenamente o cliente/consumidor, procurando evitar a variedade excessiva para não comprometer a eficiência. Em termos psicológicos, isso facilita bastante para o cliente/consumidor na escolha dos produtos, pois ele se sente mais seguro e economiza tempo. Lembre-se de que, na maioria das vezes, 20% de seus produtos geram 80% de suas vendas. Evite o que a indústria de toalete e higiene costuma fazer, que é colocar um número excessivo de produtos no mercado.

Se um concorrente imagina lançar uma pasta de dentes diferente, todos o seguem, sem saber se é isso que o consumidor deseja. Se um erra, todos erram. A isso chamo de visão de marketing orientada e não de cliente/consumidor orientado. Hoje, o excesso de marcas de produtos só faz confundir a cabeça do consumidor. Tente escolher uma escova de dentes ou uma barra de cereal. Cansa!

- ✓ Mantenha contato com o cliente e ofereça-lhe suporte constante para aferir a relação preço baixo e alto benefício do produto ou serviço ofertado. Questione a si mesmo sobre seus clientes/consumidores. Busque o atendimento "zero defeito" ao cliente/consumidor, ou seja, a filosofia "zero cliente perdido". Procure fazer com que o cliente coopere com a operacionalização de sua empresa. É o melhor relacionamento e elo entre empresa e cliente/consumidor.
- ✓ O McDonald's, considerado no mundo um padrão em termos de estratégia do marketing de vantagem competitiva de excelência operacional a baixo preço, embora sofrendo a competitividade das refeições por quilo, iniciou esse relacionamento interativo com maestria aqui no Brasil. O prato sujo pode até ficar sobre a mesa de sua casa, mas no McDonald's você limpa o local onde comeu sem que alguém lhe peça, não é? Veja que hoje, no Brasil, o McDonald's se perdeu. O fato é que a comida por quilo alterou todo a filosofia de sua estratégia central. Aqui, seus produtos são caros e não valem tanto o preço cobrado.
- ✓ Avalie rigorosamente a performance das marcas dos concorrentes e seus preços. Elimine os produtos de baixo giro, abrindo espaço para os de alto giro.
- ✓ Tenha em mente que o ideal é que toda redução de custo seja automaticamente em escala repassada para o cliente/consumidor.
- ✓ Construa um sistema de informação e informática ágil e eficiente, acompanhando cada passo das operações e dos procedimentos administrativos dos processos horizontais.
- ✓ Não sacrifique qualidade e tecnologia de ponta e ofereça rapidez e precisão nos lançamentos de seus produtos. Horizontalize a distribuição ao máximo, local e regionalmente, para obter ganhos de escala com os varejistas, estabelecendo conexões *on-line* para entregar

seus produtos mais rápido que os concorrentes, evitando acúmulo de estoque e atrasos de títulos recebíveis.

- ✓ Estabeleça a demanda real de seus produtos (*business on demand*), propiciando eficiência de PCP, produção, compra de matéria-prima e estoque, já que trabalha na era digital *on-line* e, por essa razão, as informações devem estar na tela do seu computador. Dessa forma, não será difícil obter excelência no processo central de logística do pedido. (Veja o Capítulo 6.) Fornecedores e compradores trabalharão para você e assumirão o gerenciamento do seu estoque e do pedido *on-line*, com responsabilidade de danos, e você assegurará a qualidade do serviço. É o processo de relacionamento interativo.
- ✓ Mantenha preços baixos consistentes durante os 365 dias do ano, transmitindo ao cliente/consumidor a certeza de que ele pagou o mais baixo preço do mercado em que você atua, ou seja, de que comprou valor. Uma empresa adepta à estratégia do marketing de vantagem competitiva de excelência operacional a baixo preço não promove liquidação, pois já opera no mercado com o preço mais baixo.
- ✓ Reformule continuamente os processos organizacionais centrais na busca da eficiência de baixo custo, pois eles são a espinha dorsal de sua competitividade nessa estratégia.

Perfil da administração de pessoal – RH

- ✓ Incentive o trabalho em equipe. Todos conhecem o trabalho de todos, bem como as informações de cada elemento da equipe que estão na tela do computador, e as regras administrativas do trabalho têm um único objetivo: agregar valor ao cliente/consumidor.
- ✓ Promova confiança e *empowerment* no desempenho das tarefas – desde o trabalho do *office-boy* até as tarefas administrativas mais relevantes da empresa.
- ✓ Motive os funcionários com o propósito único de agregar valor ao cliente/consumidor. Entusiasme os pares por intermédio do elemento líder que orienta, treina e lidera o processo na equipe. (Veja o Capítulo 8, Figura 8.1.)

- ✓ Ofereça salários de mercado, premiação e bônus por equipe pelo desempenho eficiente e eficaz no processo de redução de custos e agregação de valor para o cliente/consumidor.
- ✓ Ofereça escritórios e ambientes de trabalho sem ostentação, bem como um tratamento igualitário entre os pares, tendo em vista que um não é superior ou inferior ao outro. Promova o respeito mútuo e os valores individuais.

5.3 Estratégia do marketing de vantagem competitiva de liderança do melhor produto

A opção de ter o "melhor produto no mercado" implica, para a empresa, conhecer e dominar sua essência competitiva ou seu *core competence*.(6) Isso significa que as habilidades organizacionais e tecnológicas em pesquisa e desenvolvimento permitem à empresa proporcionar benefícios *unique* e relevantes de valor e reconhecimento pelos clientes/consumidores. A empresa que identificar, criar e investir em seu *core competence* terá uma vantagem competitiva de difícil imitação, proveniente da experiência acumulada durante anos, e não de um salto criativo proveniente de uma "Lâmpada de Aladim".

Consciente de seu *core competence*, a empresa terá sempre o melhor produto e a base para detectar as necessidades futuras dos clientes/consumidores por meio do *expeditionary marketing*: lançar produtos continuamente, canibalizando seus próprios produtos.(7) Os objetivos relevantes desta decisão da empresa, ou seja, ter sempre o melhor produto, concentram-se no estado da arte de:

- ✓ Oferecer continuamente produtos e serviços novos, com rapidez e eficiência.
- ✓ Dirigir a atenção a todas as idéias oriundas do *core competence*.
- ✓ Comercializar seus novos produtos/serviços de forma ágil e instantânea, a fim de obter, em pouco tempo, o máximo de retorno sobre o investimento.
- ✓ Lançar unicamente produtos/serviços altamente inovadores e criativos, incomparáveis aos da concorrência e com alto valor

agregado, cobrando o preço *premium*. Esse modelo de ações leva a empresa a praticar o seu marketing de vantagem competitiva de liderança do melhor produto.

- ✓ A estratégia de diferenciação de M. Porter, discutida em seus livros, admite uma diferenciação comparativa de produtos. Essa diferenciação é fruto da melhoria desse produto por meio das cópias lançadas pelos concorrentes.(8) Michael Treacy e Fred Wiersema, entretanto, consideram que a estratégia central de liderança do melhor produto não tem nenhum nível de comparação com os produtos existentes no mercado. Portanto, não dá espaço para o surgimento de cópias diferenciadas por um bom período de tempo.(9)
- ✓ Não deixar a tecnologia ou o concorrente tornar seu produto obsoleto, ou seja, diminuir o ciclo de vida do seu produto e lançar outro melhor no momento em que o concorrente tiver um igual. No passado, no marketing tradicional, a canibalização de produtos era motivo de preocupação para muitos gerentes de produto; hoje, ela é estratégia de um marketing ágil e contínuo, o marketing de vantagem competitiva de liderança do melhor produto de ter sempre o melhor produto no mercado.
- ✓ Evitar a burocracia a qualquer preço: horizontalize a organização. Uma decisão errada é considerada melhor que uma decisão tardia na estratégia central de liderança do melhor produto.
- ✓ Recrutar e treinar funcionários para a cultura da agilidade e da rapidez com base na real inovação e criação de produtos inigualáveis.
- ✓ Ter uma visão ágil de globalização, forte investimento em P&D (*core competence*) e ganhos de economia de escala por meio de lançamentos em nível globalizante.(9)

As indústrias de eletroeletrônicos, computadores, celulares, automobilística, química, farmacêutica e de serviços, entre muitas outras que usam como suporte pesquisa e desenvolvimento e a inovação criativa, tendem a buscar essas estratégias nas quais a essência constante do lançamento de novos produtos depende de um ou mais *core competences* bem definidos pela empresa. Mercedes-Benz, BMW, Audi, 3M, Sony, Roche, Danone, Nestlé, Glaxo, Motorola, Pfizer, a cadeia de lanchonetes por quilo Viena Express e a cadeia de lojas Brooksfield são exemplos nos segmentos em que atuam de empresas que vendem o melhor produto a preço *premium*. Cobram preços altos pelo que elas oferecem.

Figura 5.3
Exemplos de empresas/produtos que se enquadram na estratégia do marketing de vantagem competitiva de liderança do melhor produto.

3M
ABN Amro Bank
Bosch
Brooksfield, Richards, Crawford, Zoomp
Ceasar Park Hotel
Democrata (sapatos)
DuPont
E. Lilly, Glaxo, Roche
FGV–EAESP
Gillette, Oral B, Duracell
HP (impressora HP)
H.Stern
J&J
L´Oreal
M Martan
Mercedes-Benz, BMW, Audi
Motorola
Nestlé, Sadia, Mortadela Ceratti
Nike
Nutrella Alimentos
Pfizer
Porto Seguro Cia. de Seguros
Procter & Gamble
Sony
Sucos Del Valle
Suvinil
TAM
Lorenzetti (ducha)
Viena Express, Rascal

5.3.1 Orientações básicas para implantar em sua empresa a estratégia do marketing de vantagem competitiva de liderança do melhor produto

Normas Gerais

- ✓ Busque oferecer continuamente aos clientes/consumidores produtos e serviços superiores, em desempenho, aos produtos existentes no mercado. Estratégia do marketing de vantagem competitiva de liderança do melhor produto não significa produto líder de participação, mas sim o melhor produto em performance de uso, conforto, *status*, durabilidade etc. O Mercedes-Benz não é o carro líder em vendas, porém é considerado o melhor carro. A BMW disputa também esse segmento com a mesma estratégia de marketing, bem como a Audi. Entre as três, valerão o conceito de valor e as preferenciais na decisão de compra do cliente.

✓ Lance produtos/serviços de ponta, com novas e úteis aplicações para o cliente/consumidor. A estratégia é autodesafiar-se continuamente para ter o melhor produto e o lançamento no mercado.

✓ Mantenha o foco no processo essencial de invenção e desenvolvimento de produtos e rapidez na exploração do mercado (*expeditionary marketing* ou marketing de lançamento rápido e contínuo de produtos). As empresas Brooksfield, Via Veneto e Harry's, de um único proprietário, dominam nos *shopping centers* brasileiros o setor da moda masculina para executivos porque têm visão antecipada das tendências do futuro.

✓ Lembre-se de que a estratégia do melhor produto não pode cobrar preço *premium* abusivo. Se o preço *premium* excede o valor do benefício, por mais inovador que seja o produto ou o serviço, a vantagem da liderança se desmorona. Portanto, é vital definir a paridade. O quanto o cliente está disposto a pagar a mais em relação à estratégia de excelência operacional.

✓ Tenha uma estrutura organizacional mutável e flexível para se ajustar às iniciativas de futuro das equipes e pessoas empreendedoras. Forme equipes ousadas (*venture team*), que vejam as tendências de forma antecipada.

✓ Volte-se para sistemas organizacionais em que os resultados premiam o sucesso de novos produtos, não castrando a criatividade das pessoas, e para programas que encorajam a imaginação, a realização individual e a mentalidade aberta, movidos pelo desejo de criar o futuro.

- ✓ Lance um novo produto, no momento em que precisar reduzir o preço para competir com similares, pois esse é o primeiro sinal de que o seu produto está ficando obsoleto ou de que alguém lançou um igual.
- ✓ Crie grandes expectativas e eventos antecipadamente para que o consumidor fique faminto pelo novo produto.
- ✓ Versões e extensões demasiadas de linhas de produtos no marketing de vantagem competitiva de liderança do melhor produto não servem como estratégia para tomar espaço na prateleira dos concorrentes, devem apenas atender o mercado de maneira correta, conforme clientes/consumidores solicitam.

Normas Organizacionais

- ✓ Incentive os funcionários a trazer idéias, por mais que sejam convencionais, independentemente da fonte.
- ✓ Evite a burocracia e qualquer custo de padronização. Idealize processos organizacionais velozes e flexíveis. Tome decisões de um marketing rápido e criativo que torna obsoletos seus próprios produtos, antes que o concorrente os torne.
- ✓ Decida hoje e implemente amanhã. Não perca tempo com análises detalhistas. Reações rápidas são vantagens quando se lida com o desconhecido. Lembre-se de que, no atual momento, o consumidor sabe o que quer, mas não sabe como o quer.
- ✓ Tenha em mente que a visão de lucratividade é extraída pelo rápido potencial de lucro de estar no mercado com o melhor produto. Sucesso não significa acomodação, mas auto-superação, para ter sempre o melhor produto.
- ✓ Inovação, nascimento, obsolescência e morte rápida de produtos ou serviços fazem parte da organização e do marketing de vantagem competitiva de liderança do melhor produto. Obsessão em criar produtos que incitem uma resposta apaixonada dos clientes/consumidores.
- ✓ Esteja consciente de que liderança do melhor produto não significa melhoria ou refinamento dos produtos/serviços existentes

ou reembalagem e reformulação dos mesmos. São novas espécies de produtos ou serviços, sem híbridos.

- ✓ Defina mercados-alvo com precisão e eduque-os, principalmente por causa de certas complexidades do seu produto. As pessoas associam produtos líderes com sucesso de vanguarda, inteligência, mudança de estilo de vida e de cultura.

Perfil da administração de pessoal – RH

- ✓ Tome decisões descentralizadas, como ocorre nas pequenas empresas. Tenha pessoas com conhecimento ágil e inovador. Prontas para desafios, voltadas para dar o melhor aos clientes/consumidores.
- ✓ A organização deve ser movida por talentos extraordinários voltados para a criação, e não por funções centralizadoras. Nesse tipo de organização, as equipes têm alto desempenho, e as pessoas são motivadas e ambiciosas para a prática do melhor marketing de vantagem competitiva.
- ✓ Crie uma estrutura que não oprima, consciente de que os grandes avanços nascem das pessoas.
- ✓ Organize o trabalho orientado para o desafio, definindo os resultados e estabelecendo prazos apertados para acelerá-lo. Ao implementar uma idéia, estabeleça metas e etapas para evitar devaneios. Empregue os pesquisadores talentosos. Em geral, eles tendem a descobrir produtos com pouca demanda de consumo, mas dê os descontos de seus talentos.
- ✓ Cultive o mercado, caminhando lado a lado com o cliente/consumidor para o desenvolvimento de produtos pioneiros. Procure eliminar o máximo de incerteza de seus empreendimentos. Pesquise com consumidores insatisfeitos, exigentes, chatos e que fazem críticas aos seus produtos ou aos dos concorrentes.
- ✓ A remuneração salarial deve estar acima da média, com bônus de premiação aos casos de inovação e ao sucesso da colocação de produto pioneiro no mercado.

- ✓ Contrate ou busque nas universidades e treine pessoas que tenham perfil criativo e inovador, com iniciativa para assumir o pioneirismo e, dessa forma, encaixarem-se na cultura e na filosofia do marketing de vantagem competitiva de ter o melhor produto no mercado.
- ✓ Treine pessoas para reinventar continuamente as regras da competição e quebrar rupturas inovativas constantes.

5.4 Estratégia do marketing de vantagem competitiva de intimidade com o cliente

A estratégia de intimidade com o cliente tem por objetivo investir no cliente hoje para obter sua lealdade a longo prazo.(10) Portanto, o valor que se oferece ao cliente/consumidor e o respectivo lucro não se resumem a uma simples transação, mas a um relacionamento contínuo de transparências, compromisso, lealdade e credibilidade. Assim, construir bem o relacionamento com o cliente/consumidor é fundamental.

Esse tipo de estratégia apresenta as seguintes características:

- ✓ Produtos e serviços personalizados que se adaptam às necessidades e exigências do cliente/consumidor. Cada caso é um caso. Customerização.
- ✓ É dispendiosa e bem posicionada para os setores de investimento financeiro de altos valores, construção civil (*design* personalizado para apartamentos), seguros, vestuário e serviços hospitalares e de saúde. Ela requer a lealdade do cliente a longo prazo. A lucratividade, por sua vez, não pode ser pensada no curto prazo, mas a médio e longo prazos.
- ✓ Os processos administrativos da organização são flexíveis, com alta dose de responsabilidade e comprometimento das pessoas.
- ✓ A informação e o cruzamento, integração e coleta de dados sobre o cliente por meio de um sistema *on-line* são fundamentais para a tomada de decisões (forme uma base de dados de marketing e de dados pessoais do cliente). Os nascimentos dos consumidores virtuais facilitam a customerização.

✓ Forte ênfase no *empowerment* dos funcionários quanto à solução e aos resultados das necessidades dos clientes.

✓ Lembre-se de que você vende "solução"[7] com resultados excelentes de credibilidade.

Figura 5.4
Exemplos de empresas/produtos que se enquadram na estratégia do marketing de vantagem competitiva de intimidade com o cliente.

Agências de propagandas
Braslo (carne), Martin-Brower (distribuição), FSBFoods (pães), todos a serviço do McDonald's
Clínicas médicas e clínicas de cirurgia plástica
Empresas de consultoria e de auditoria contábil
IBM
McKinsey Consultoria
Private Banks de investimento financeiro
Projetos de decoração e construção civil
Revenda de automóveis (sem definição no Brasil)

5.4.1 Orientações básicas para implantar em sua empresa a estratégia do marketing de vantagem competitiva de intimidade com o cliente/consumidor

Normas Gerais

✓ Não entregue o valor que você acha que o mercado quer, mas o que o cliente especificamente desejar em termos de valor, em virtude de cada caso ser um caso específico.

✓ Adapte continuamente os produtos/serviços para satisfazer as necessidades íntimas e particulares do cliente/consumidor.

---

7 Se as revendas autorizadas de veículos (cada caso é um caso) soubessem que vendem solução com resultados, elas poderiam propiciar melhor serviço e obter maior faturamento, conquistando a fidelidade de seus clientes.

- ✓ Ofereça a melhor solução e resultados confiáveis ao cliente/consumidor para superar as expectativas e cativar a lealdade dele.
- ✓ Busque um relacionamento íntimo com o cliente ou com suas operações organizacionais, e não transações com relacionamentos por afinidade. Apresente soluções e resultados específicos, em vez de genéricos, objetivando relacionamentos profundos e duradouros. Se, nas soluções, ambos decidirem embarcar juntos, deverão ter sucesso ou prejuízo mutuamente.
- ✓ Não cative o cliente pela propaganda ou pela publicidade, e sim face a face. Ofereça uma solução total de maneira íntima, procurando mantê-lo.
- ✓ Utilize uma estrutura organizacional com funcionários previamente selecionados e estimulados, com autoridade para agir e acompanhar as decisões. Delegue aos funcionários poderes para a tomada de decisões, independentemente de sua magnitude.
- ✓ No relacionamento específico com o cliente, adotar essa estratégia significa administrar resultados, coordenar soluções, melhorar a posição competitiva e tornar a empresa mais produtiva, eficaz e eficiente.
- ✓ O pessoal de contato com o cliente (time de frente) deve surpreender o cliente/consumidor com suas informações, com a forma de atendimento e pela paciência de oferecer bons conselhos e consultoria a respeito dos produtos e suas aplicações. A atenção é personalizada, solucionando necessidades únicas e peculiares dos problemas do cliente/consumidor.
- ✓ A vantagem competitiva da empresa está nas pessoas (*core competence*) e na criação de soluções que satisfaçam necessidades incomuns, o que nenhuma outra empresa poderá oferecer.
- ✓ A empresa que adota a estratégia do marketing de vantagem competitiva de intimidade com o cliente possui profissionais que assumem alta dose de riscos, pois se responsabilizam por uma operação do cliente (por exemplo, assumem os riscos de operações dos sistemas logísticos, do atendimento em hospitais, do sucesso no desenvolvimento de marcas próprias terceirizadas e nos serviços terceirizados, entre outros casos).

As empresas Braslo, Martin-Brower e FSBFoods, que fazem a logística exclusiva do McDonald's nas áreas de pão e carne, são um belo exemplo de estratégia de intimidade com o cliente no setor industrial. São dependentes mutuamente e únicas entre si. Já empresas que fazem a logística de entrega da Nestlé, da Sadia, da Kraft, da Gessy Lever, da Danone e de muitas outras não estão de acordo com essa estratégia. Elas deverão adotar a excelência operacional para satisfazer seus clientes, pois a tecnologia do serviço de um pode servir para o outro.

Normas Organizacionais

- ✓ Equipes orientadas para mudanças, integradas e especializadas unicamente na solução dos problemas do cliente.
- ✓ Equipes treinadas para não confundir amenidades de atendimento pessoal com soluções de problemas personalizados.
- ✓ Equipes treinadas para penetrar profundamente nos processos administrativos do cliente e nas suas necessidades.
- ✓ Cada equipe constitui um corpo de conhecimento e responsabiliza-se pela conta do cliente.
- ✓ As equipes formadas estão conscientes de que precisam produzir valor inigualável para o cliente/consumidor.
- ✓ Organização descentralizada com trabalhos em equipes.
- ✓ As equipes têm em mente que o pior fracasso ou falência na organização não é perder dinheiro, é perder o cliente.
- ✓ O *benchmark*(11) é uma ferramenta de consulta constante.
- ✓ Identificar oportunidades mútuas para ganhos em conjunto é uma associação permanente.
- ✓ A organização que adotar a estratégia de intimidade com o cliente deverá ter visão a longo prazo, investindo no relacionamento de risco.

Perfil da administração de Pessoal – RH

- ✓ Prioridade no desafio de reter e reunir pessoas criativas, talentosas e de vanguarda na quebra de paradigmas.

- ✓ Contratação de pessoas com boa experiência de trabalho, inventivas, flexíveis, adaptáveis e multitalentosas, arregimentando competências profissionais em bases virtuais. A remuneração deve ser feita com base nas soluções oferecidas ao cliente/consumidor.

Questões para refletir

1. Você acha que uma empresa pode combinar as três estratégias do marketing de vantagem competitiva simultaneamente?
2. A sua empresa possui, de forma bem definida, uma das três estratégias do marketing de vantagem competitiva? Se não, qual delas seria a mais viável para ser adotada?
3. Uma empresa que vende *commodity* pode ter a estratégia do marketing de vantagem competitiva do melhor produto? Ok! Você deve estar pensando em diferenciar-se no serviço. Observe que seus serviços são fáceis de copiar e, além disso, o cliente pode exigir que os serviços, aqueles que você considera especiais, sejam obrigatórios e, portanto, não pagará um centavo a mais por eles.
4. Você acha que um funcionário experiente no setor de varejo em uma empresa como a Wal-Mart (que pratica o marketing de vantagem competitiva de excelência operacional) pode trabalhar futuramente em uma empresa do setor automotivo, como a GM? Deverá prevalecer a sua experiência no setor de varejo ou a de ter trabalhado numa empresa que adota a filosofia da excelência operacional como estratégia superior de valor?

6

Fontes para a busca de valor superior na organização para planejar o marketing de vantagem competitiva

6.1 Cadeia de valor do marketing de vantagem competitiva

Definimos cadeia de valor (*supply chain*) como todas as atividades ligadas à empresa, iniciadas com os atributos de valor definidos pelos clientes/consumidores na compra dos produtos ou serviços da empresa. Para ter uma cadeia de valor uniforme e consolidada, é necessário estabelecer as competências centrais ou essenciais da empresa, passando pelas etapas dos colaboradores do sistema de distribuição dos produtos/serviços, pela administração e fabricação e pelos parceiros e fornecedores de matéria-prima ou de serviços. (Veja a Figura 6.1.)

Ter uma visão ampla e principalmente integrada de toda a cadeia de valor da empresa, no atual mundo competitivo e globalizado, é obrigação de qualquer executivo, e não só dos profissionais de marketing. Essa visão ampla e integrada, no nosso modelo, baseia-se na simples dedução lógica: é na cadeia de valor que os executivos da empresa buscarão suporte para empregar uma das três estratégias do marketing de vantagem competitiva agregadoras de valor para o cliente/consumidor (descritas no Capítulo 5). Os profissionais do marketing tradicional dão pouca ou nenhuma atenção à administração da cadeia de valor da empresa.

Figura 6.1
Evolução da cadeia de valor.

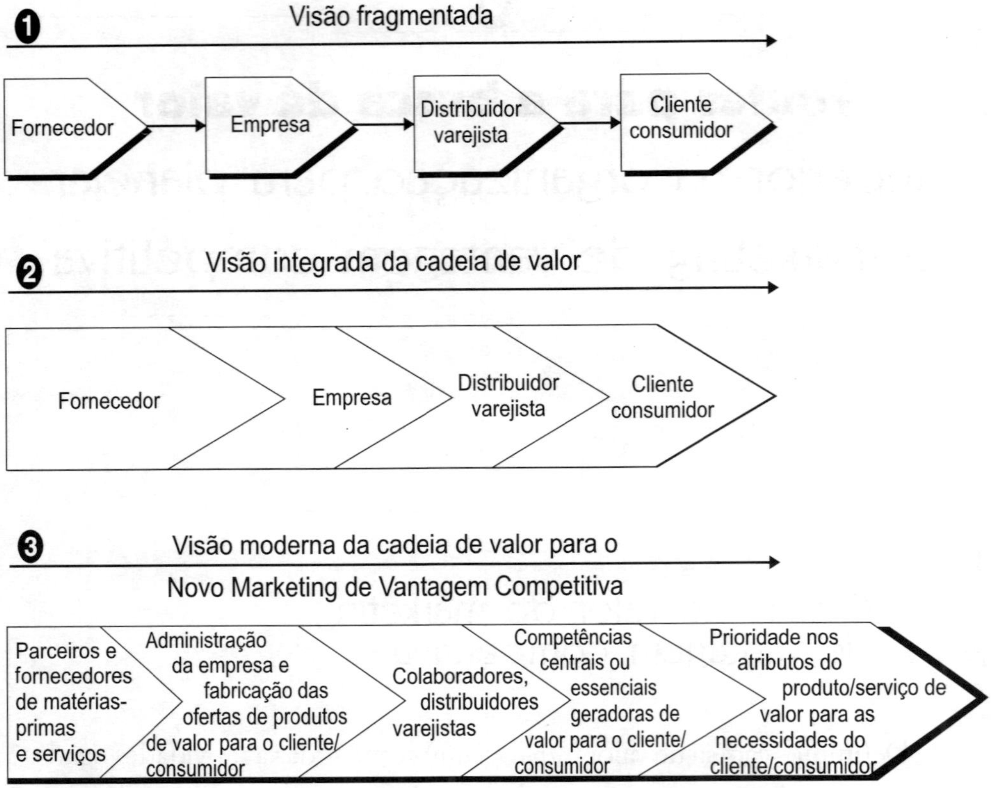

Contudo, é nela que o executivo visualizará a escolha e identificará as possibilidades (ou impossibilidades) de combinar as estratégias da forma mais ajustável à sua empresa. Ele também poderá analisar e identificar as zonas nas quais a empresa terá chances de "fazer" boa parte de seu lucro.(1) (Veja a Figura 6.1, item 3.)

As oportunidades de terceirizar serviços e suprimentos na cadeia de valor devem ser pesquisadas e analisadas com certa profundidade para não colocar em risco as competências centrais ou essenciais da empresa e, em muitas situações, até as capacidades centrais ou essenciais.(2)

Por exemplo, o *core competence* do Wal-Mart nos Estados Unidos (estratégia de excelência operacional a baixo custo) está apoiado no rastreamento e no controle, via satélite, do estoque em trânsito. Essa é a verdadeira logística:

não de estoque, mas de informática (seu *core competence*). Porém, se a empresa não possuísse uma frota com mais de 5.000 caminhões-baú, extensos, servindo como depósitos flutuantes e móveis, não supriria eficientemente seus supermercados em 24 horas (um de seus *core capabilities*). [1]

Os concorrentes Kmart e Target, por sua vez, usam frotas terceirizadas que abastecem suas lojas em um espaço de tempo maior que o Wal-Mart, o que os obriga a trabalhar com maiores estoques e custos mais altos. A empresa varejista/atacadista Costco é um exemplo admirável de eficiência e consciência em saber operar sua cadeia de valor dentro da estratégia central ou essencial de excelência operacional a baixo custo. No sentido oposto, a Nordstrom Company, uma cadeia de lojas de departamento, é um modelo de estratégia central do melhor produto/serviço nos Estados Unidos (preço *premium*).

Portanto, adotar a estratégia do marketing de vantagem competitiva de **excelência operacional a baixo custo** em toda a cadeia de valor significa operar a organização com o máximo de eficiência, ao custo mais baixo possível em relação aos concorrentes, fornecendo ao mercado produtos cujos atributos embutem benefícios maiores. Isso satisfaz plenamente as necessidades do cliente e assegura a liderança na oferta de bons produtos a preços mais baixos.

Esse processo de máxima eficiência na estratégia do marketing de vantagem competitiva de excelência operacional, na maioria dos casos, só é possível por meio de associações, parcerias, terceirizações, alianças, integração (para frente ou para trás na cadeia de valor), transferência ou compra de tecnologia, investimentos mútuos e treinamento cooperativo para que a empresa possa operar com custos menores.

Tudo isso deve envolver várias empresas colaboradoras que integram a totalidade da cadeia de valor, com o intuito de oferecer vantagens para a redução de custos que sejam repassadas ao cliente/consumidor. Finalmente,

---

1 *Core competence* é o núcleo e/ou essência competitiva da empresa que sustenta sua vantagem competitiva duradoura. É de difícil cópia. *Core capability* é o núcleo e/ou essência operacional de certas ações da empresa, de pouca durabilidade e de fácil cópia.

deve-se garantir que toda essa **fórmula de integração eficiente a baixo custo operacional seja de difícil cópia pelos concorrentes**.(3)

A dificuldade dos concorrentes em copiar a fórmula de coordenação e integração desses esforços, bem como o manuseio dos orientadores de custo efetuados pela empresa ao longo da cadeia de valor, é, nesse caso, a busca de sua essência competitiva ou do "DNA" da competência central da estratégia de excelência operacional a baixo custo (*core competence*), (4 e 5) vista na fase antefinal da cadeia de valor, conforme a Figura 6.1.

Você pode concluir que a organização hierarquizada é, para a empresa que busca a estratégia central do marketing de vantagem competitiva de excelência operacional a baixo custo, a maior prova de equívoco e contrasenso, pois nela os custos operacionais são bem maiores. Para utilizar essa estratégia na cadeia de valor, a estrutura horizontal é a recomendável, porque todas as atividades administrativas são agregadoras de valor a baixo custo, não havendo atividades de suporte. O custo operacional é baixo, embora em cada *core process* horizontal (veja Capítulo 8) estejam gravitando linearmente quatro elementos operacionais diretamente ligados ao cliente/consumidor. São eles:

- ✓ Nível de tecnologia organizacional interligada aos clientes e peculiar a cada empresa.
- ✓ Informação processada na empresa e interligada aos clientes.
- ✓ Infra-estrutura de sistema e seu planejamento estratégico que reflete nos clientes conforme a estratégia central adotada pela empresa.
- ✓ Fator humano que operacionaliza a eficiência dos processos interligados ao cliente.

A eficiência de operacionalização da cadeia de valor está presente também na empresa que adota uma **estratégia central do marketing de vantagem competitiva voltada para a liderança constante do melhor produto/serviço no mercado**. Porém, existem certas situações conflitantes e incompatíveis com a estratégia de excelência operacional que requerem atenção.

Daí serem duas estratégias excludentes. Por exemplo:

- ✓ Reduzir custos em todas as atividades da cadeia de valor pode prejudicar a proposta de oferecer o melhor produto ou serviço no mercado.
- ✓ Terceirizar ou ter o mínimo de gastos de investimento em pessoal de P&D, no que se encontra a essência competitiva ou o *core competence* da empresa, pode ser catastrófico.
- ✓ Empregar profissionais altamente qualificados, com ótimos salários, em geral, é necessário para manter a liderança do melhor produto ou serviço.
- ✓ Admitir excelentes profissionais de treinamento para proporcionar ao cliente um excelente serviço de atendimento com transparência, compromisso e responsabilidade requer o pagamento de melhores salários, e não apenas de um salário-padrão de mercado.
- ✓ Comprar matéria-prima com alto grau de pureza, ótimos equipamentos ou tecnologia robótica de processos de fabricação de última geração normalmente significa fazer investimentos altos, o que é diferente de comprar um bom processo tecnológico, que contemple custos menores.

É preciso observar que é por tudo isso que a empresa que oferece o melhor produto ou serviço cobra um preço *premium* no mercado, dentro de uma paridade de preços, levando o consumidor a perceber que está comprando valor e que o produto vale pelo desempenho e pelo preço que está sendo cobrado. O preço *premium* exageradamente alto (que caracteriza miopia da empresa que o pratica) será esquecido pelo cliente/consumidor em razão de não oferecer um valor correspondente aos benefícios relacionados com o desempenho do produto. O carro "Classe A" da Mercedes-Benz foi um exemplo.[2] Valor não significa produtos de grife. Produtos de grife vendem um estado

2 Veja o mercado nacional de chocolate. A Nestlé tem o melhor chocolate e cobra o preço *premium* de no máximo 10% a 15% acima do de seus concorrentes, que possuem bom chocolate e cobram preços mais baixos. Se a Nestlé cobrar 30%, 50% mais caro que seus concorrentes, os consumidores possivelmente concluirão que os chocolates Nestlé não valem o preço *premium* e passarão a comprar dos outros em maior escala, porque eles passarão a oferecer mais valor.

de espírito, de ostentação, riqueza, cujo valor está fora da realidade dos conceitos deste livro.

O *core competence* da estratégia de liderança do melhor serviço ou produto para a prática do marketing de vantagem competitiva reside muito mais internamente, na própria empresa (segunda etapa da cadeia de valor na visão moderna em P&D, Figura 6.1), que nos outros elementos que compõem a cadeia de valor. Mas a cooperação e a integração entre os outros elementos da cadeia de valor também são importantes para o sucesso.

Para cobrar um preço *premium* pelo fato de ter o melhor produto no mercado, a empresa pode se valer de uma organização enxuta, com hierarquia organizacional mínima possível, consciente de que esse custo de organização pode ainda ser sustentado e absorvido pelo preço *premium*. Entretanto, necessita estar bem atenta às concorrências de mercado.

A busca e a manutenção contínuas da estratégia do marketing de vantagem competitiva de **intimidade com o cliente** são tão dependentes da cadeia de valor quanto a cooperação e a integração. O sucesso do marketing de vantagem competitiva (ou *core competence*) dessa estratégia normalmente está sujeito a uma malha entrelaçada ou rede de fornecedores, distribuidores e serviços, cuja finalidade é oferecer um atendimento personalizado, manter e encantar o cliente/consumidor, procurando uma solução íntima e total, que envolva todos os componentes da cadeia de valor.

A cadeia de valor também é ótima fonte de identificação da zona de lucro(1) das empresas. Antigamente, a Coca-Cola obtinha lucro como fornecedora de xarope, relegando as outras etapas da cadeia de valor para segundo plano. Sua zona de lucro estava concentrada no estágio de fornecedor do xarope às franqueadas, embora exercesse influência sobre os demais elementos da cadeia de valor.

Analisando sua cadeia de valor e constatando que o lucro não mais poderia ser obtido com o xarope, em virtude de o preço final do produto estar fora do preço de mercado, a Coca-Cola decidiu mudar sua zona de lucro, que atualmente está muito mais centrada na etapa do processo de distribuição de seu produto nos pontos-de-venda, principalmente com a Coca-Cola "de máquina" vendida em lanchonetes e bares. A estabilização da moeda brasileira possibilita que as máquinas de vender refrigerantes em lata espalhadas por clubes, escolas, teatros, estádios de futebol, bancas de revistas, hotéis, grandes condomínios, entre muitos outros lugares, tenham igualmente excelente potencial coadjuvante para consolidar outra futura zona de lucro no sistema de distribuição da cadeia de valor da Coca-Cola.

6.2 Eficiência nos processos organizacionais administrativos para o marketing de vantagem competitiva

A eficiência na melhoria contínua dos **processos organizacionais internos da empresa** e de seus colaboradores na cadeia de valor é vital para redução de custo e melhoramento dos benefícios dos produtos/serviços.(6)

A agilidade no atendimento ao cliente, a integração dos processos administrativos, o controle e a coordenação por meio de sistemas informatizados, a eficiência nas respostas às necessidades do cliente e sua satisfação contínua são também atributos de um bom fluxo de eficiência organizacional.

Qualquer processo organizacional administrativo eficiente produzirá uma sensível redução de custos muito melhor do que qualquer organização departamentalizada e hierarquizada, por mais eficiente que esta seja. Toda eficiência na redução de custos deverá ser repassada diretamente para o cliente/ consumidor, agregando valor à relação benefício–preço, dentro das três estratégias do marketing de vantagem competitiva estabelecidas em nosso modelo.

Quando se fala em reduzir custos, imediatamente as empresas pensam em cortar despesas e pessoas de seu *staff*, fundir divisões, mas nunca em reavaliar o fluxo do processo de trabalho, a duplicidade de tarefas existente, a ociosidade dos funcionários, muitas vezes imperceptíveis para a gerência, para a coordenação e até os departamentos e pessoas em geral.

A indústria automobilística mundial e os setores que englobam seus colaboradores terceirizados e fornecedores na cadeia de valor estão bem avançados nesse sentido, pois estão preocupados com a melhoria contínua dos processos administrativos e produtivos.

Esses setores da economia mundial já perceberam que oferecer um marketing de valor aos consumidores é vital para a sobrevivência de qualquer empresa.

A nova fábrica de caminhões e ônibus da Volkswagen do Brasil, em Resende, no Estado do Rio de Janeiro, ainda em processo de contínuo ajuste, enfatiza a eficiência dos processos organizacionais em seu projeto. Segundo a revista *Business Week*, a arquitetura e o fluxo da eficiência dos processos administrativos e de fabricação, sob a liderança de menos de 500 empregados, criam expectativas de maior eficiência em relação aos processos administrativos mais modernos, como os da Toyota e da Honda, empresas hoje citadas nos Estados Unidos como padrões de *benchmark* em técnicas mundiais de eficiência de processos administrativos organizacionais, ao lado da BMW. Entretanto, se a fábrica da Volkswagen em Resende for infectada pelo vírus da administração hierarquizada e burocrática de suas outras unidades, haverá dificuldades em tornar eficientes seus processos, inviabilizando o conceito de empresa moderna, ou seja, horizontalizada.[3]

É interessante notar que, embora a indústria automobilística tenha reduzido seu enorme efeito multiplicador nos diversos setores da economia, ela tem servido de referencial, como setor de ponta, aos processos organizacionais de muitas outras empresas de áreas distintas, até por imposição de fornecimento de peças.

3 A Honda, ao contrário das alianças Daimler/Chrysler, Renault/Nissan, não está preocupada, pois se orgulha de ter a melhor eficiência operacional e flexibilidade de mudanças de processo na fabricação de autos, podendo competir independentemente, apesar de haver boatos a respeiro do seu interesse em estabelecer aliança com a BMW. A Honda tem uma produção mundial de quatro milhões de veículos contra a média dessas alianças, que é de seis milhões. Hoje a escala de produção é fundamental para a sobrevivência das montadoras mundiais.

Para ilustrar, apresentamos um exemplo clássico (e muito básico) do processo organizacional de solicitação de um pedido. Comparamos um processo organizacional de uma empresa de nível hierárquico com o de uma empresa horizontal, que emprega um sistema informatizado (recursos tempo, espaço e não-matéria), exigido pelo próprio processo, pelo qual o cliente entra no sistema do fabricante e passa a fazer o trabalho de vários profissionais das áreas de administração de vendas e de logística da empresa fornecedora, tudo em sistema digital. Lembre-se do exemplo do McDonald's: o cliente trabalha para ele. Aqui acontece o mesmo.

O cliente cuida de seu próprio pedido, acessando os fornecedores por meio de um sistema portal *on-line*. Dessa forma, ele dependerá unicamente do transporte da mercadoria até o seu local de atividade de negócio. Isso elimina a burocracia e os custos e possibilita a rapidez da entrega do produto no ponto-de-venda. Conseqüentemente, o preço final do produto diminui e agrega-se valor ao cliente/consumidor, que comprará de seus fornecedores a mercadoria mais barata.

Igualmente válido é o processo de entrada de matéria-prima, no qual se utilizam esteiras rolantes, com balança e *scanner*, similares às das compras em supermercados. O estoque de matéria-prima é lido pelo *scanner*, contado e processado no computador central, restando somente a tarefa de armazenagem. Não é preciso a conferência do funcionário. As Figuras 6.2 e 6.3 elucidam os processos de atendimento do pedido do cliente em uma empresa de estrutura hierárquica vertical informatizada e em uma de administração horizontal digitalizada.

Na Figura 6.3, vemos o fluxo do processo de atendimento do pedido na era digital:

- ✓ O cliente entra no sistema de logística do pedido da empresa pelo código de acesso.
- ✓ Verifica se há o produto em estoque, o preço e a condição de comercialização. Caso esteja de acordo, o próprio cliente digitará o pedido e aguardará a entrega no tempo prometido. Se o que deseja não estiver em estoque, ele aguardará instruções do planejamento e controle da produção para entrada do seu pedido na linha de produção.

Figura 6.2

Fluxo do processo de atendimento do pedido – empresa verticalizada.

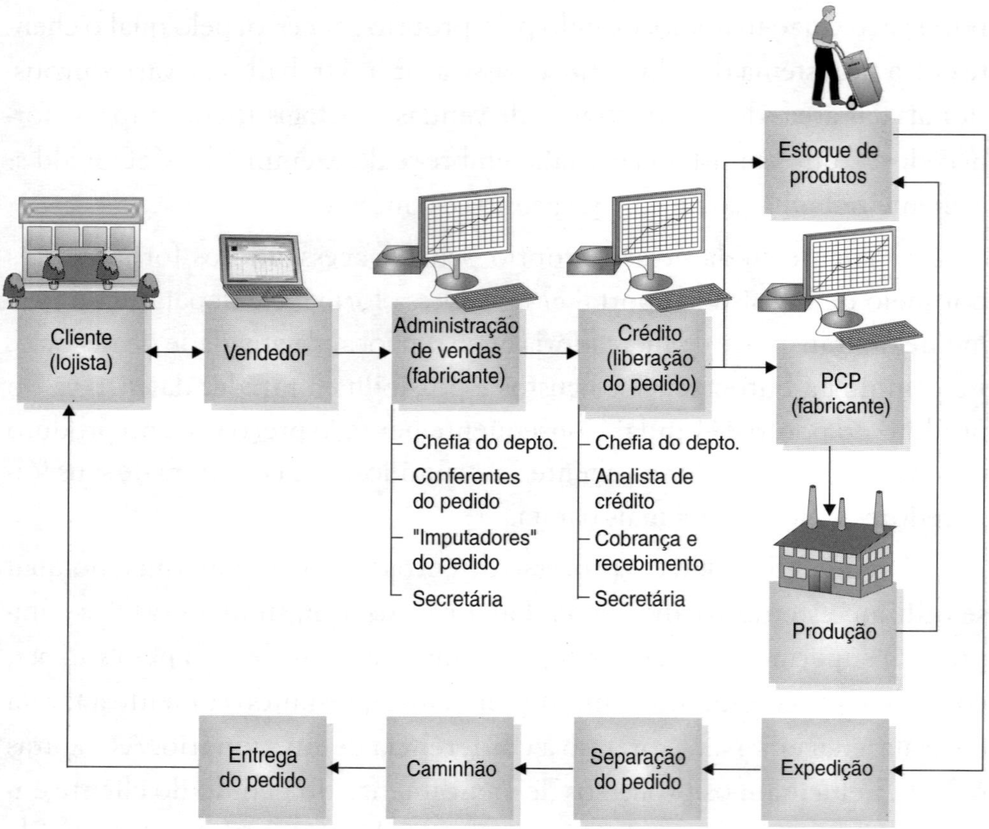

Programa de qualidade operacional do processo

(Não afeta a eficiência do fluxo do processo.)

1 - Melhoria contínua do processo para obter eficiência e agilidade (maior preocupação).
2 - Busca de erro zero ou defeito zero nas atividades do atendimento ao cliente.
3 - Comprometimento e compromisso das pessoas na busca da melhoria contínua no atendimento ao cliente.
4 - Atacar a redução do processo não é a grande preocupação, embora ocorra.

Figura 6.3
Fluxo do processo de atendimento do pedido na era digital — empresa horizontalizada.

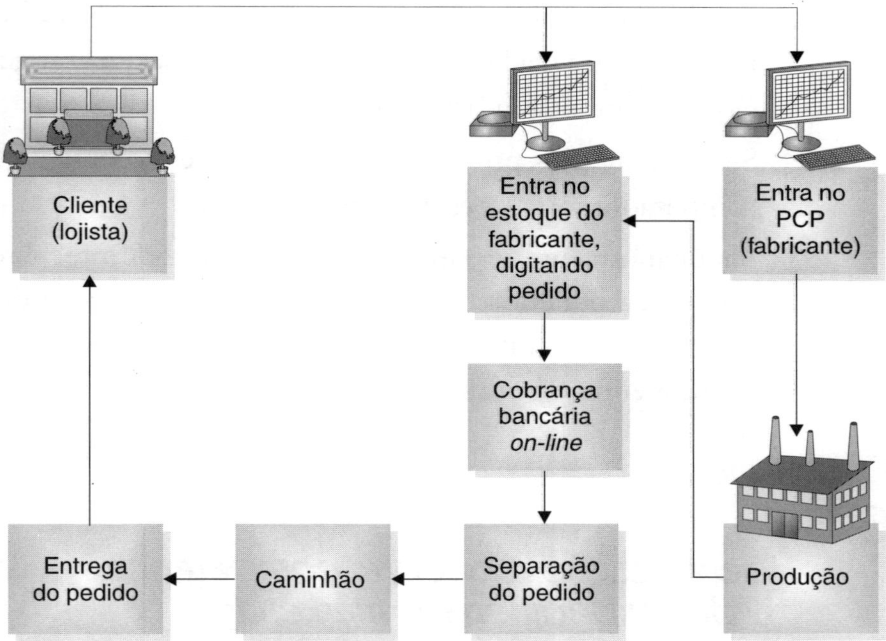

Processo reestruturado pela reengenharia na era informatizada

1- Agregação de valor (lojista e consumidor):
   a) Empresa adquire rapidez e eficiência. Pedido com entrega em menos de 24 horas.
   b) Lojista pode trabalhar com estoque mínimo (*on demand*).
   c) Lojista vende e envia pedindo *on-line*, reduzindo o prazo de entrega. Tempo real (*on demand*).
   d) Empresa transfere a redução do custo para o preço do produto (benefício para o consumidor e para o lojista).

2- Redução do ciclo e tempo do processo:
   a) Sistema eficiente de informática interligado entre empresas e seus departamentos com os varejistas.

3- Redução de custo para a empresa:
   a) Elimina pessoas, chefias, gerentes e encargos sociais. Adquire maior eficiência e agilidade no mercado para a empresa competir melhor.
   b) Fornece *empowerment* aos participantes do processo
   c) Transfere a redução do custo burocrático para o cliente, fornecendo produto com maior valor agregado, maiores benefícios e menor preço.

Note que as estratégias superiores de excelência operacional, liderança do melhor produto e intimidade com o cliente são fundamentais, pois o cliente ou o comprador da empresa procurará, na tela do computador, a empresa de mais baixo preço de venda pelo maior benefício, ou o preço *premium* em outra empresa fornecedora. No caso de intimidade com o cliente, como a empresa vende "soluções e resultados", o acesso na tela do computador torna-se mais complexo, já que as negociações são face a face, pois cada caso é um caso.

- ✓ Se o cliente tiver problemas de crédito, ele receberá na tela do computador instruções de como proceder.
- ✓ Simultaneamente, terá instruções *on-line* do fabricante sobre quando e onde poderá receber a mercadoria. A cobrança do título será feita por débito automático *on-line*, conforme instruções e acordos entre fabricante, lojista ou varejista.

6.3 Identificação do *core competence* e do *expeditionary marketing*

Saber o que a empresa faz de melhor em relação aos concorrentes é uma condição para estabelecer competitividade sólida e ter vantagens sobre as empresas rivais.

Entretanto, por causa da miopia de marketing e da ganância financeira momentâneas, por querer extrair o máximo de lucros de forma não contínua e a curto prazo ou por dificuldades de capital de giro, o departamento de marketing com práticas tradicionais é obrigado a executar políticas de comercialização confusas de descontos promocionais e preços baixos que não se traduzem em vantagem competitiva nem em transferência de valor na percepção do cliente/consumidor.

Para que a vantagem competitiva ocorra de forma contínua e sustentável, a empresa precisa mergulhar em uma estratégia central de vantagem competitiva e criar sua essência competitiva (ou competitividade central), de modo que os competidores dificilmente poderão copiá-la ou imitá-la.

Há empresas **diferenciadas** e empresas **diferentes**. Visualizamos empresas **diferenciadas** como aquelas que têm um produto esteticamente ou visualmente diferenciado de **forma cosmética**, mas não são empresas superiores em inovação e desempenho. Elas processam um pedido com maior atenção do que as outras ou têm um serviço de atendimento ao cliente com mais eficiência do que a média do mercado. Procuram se diferenciar também nos serviços ao cliente – muitas empresas acham que está nos serviços o foco para encontrar a diferenciação.

Lembre-se de que serviços extraordinários passam a ser vistos pelo cliente/consumidor cada vez mais como ordinários. Serviços organizacionais eficientes são obrigatórios nos dias de hoje. Do contrário, o cliente não volta a comprar seu produto ou serviço. As empresas diferenciadas, atualmente, não vão muito longe no mercado de atuação delas. Praticam o marketing tradicional.

Entretanto, na estratégia do marketing de vantagem competitiva, as empresas **diferentes** em termos de competitividade são aquelas que oferecem continuamente produtos ou serviços inovadores e imbatíveis, cujo preço *premium* vale pelo que o cliente/consumidor paga. Não esquecer também de que elas criam um sistema de redução de custo, oferecendo altos benefícios a preços baixos. A essa diferença sustentável e contínua, proveniente de uma essência competitiva ou do "DNA" da empresa, chamamos de *core competence*.(4)

Criar o *core competence* significa ter assegurado um futuro mais duradouro em termos de competitividade, pois dificilmente os produtos/serviços da empresa serão copiados pelos concorrentes, o que garante para a empresa a competição de produtos diferentes, em vez de cosméticos, por vários anos no mercado e sem grandes dificuldades. É a partir do *core competence* que ela criará seus futuros produtos/serviços, inovadores, criativos e sem comparação no mercado.

Portanto, a essência da vantagem competitiva está na habilidade da criação de um *core competence*. Sem sombra de dúvidas, ao definir o *core competence*, a empresa poderá optar, com base no tipo de produto ou serviço que oferece, por uma das três estratégias centrais geradoras de valor mencionadas anteriormente: liderança do melhor produto no mercado, excelência operacional e intimidade com o cliente.

Empresas que não têm *core competence* definido podem assegurar momentaneamente uma vantagem competitiva por meio do que chamamos de *core capability*,(7) ou seja, uma vantagem de ações unicamente operacionais que, em geral, resultam melhor desempenho quando comparadas com ações idênticas dos concorrentes. O *core capability*, portanto, tem baixa sustentação competitiva e é facilmente copiado pelo concorrente, coisa que o *core competence* não é.

A vantagem momentânea do *core capability* poderá originar-se de:

- ✓ Melhor e mais eficiente sistema logístico.
- ✓ Utilização de equipamentos mais modernos.
- ✓ Localização/estratégia dos depósitos e do parque fabril.
- ✓ Rápido atendimento ao varejista.
- ✓ Fornecimento de alguma matéria-prima especial.
- ✓ Um sistema eficiente de CRM e de inteligência de mercado.
- ✓ Linhas de produtos amplas e diversificadas, dando maior poder de negociação.

Antigamente, esses fatores faziam a diferença. No mundo contemporâneo e competitivo, eles são considerados fontes diferenciadas de capacitação operacional. Essas fontes distintas provêm de situações que podem ser imitadas e copiadas em um tempo curto, dando a falsa impressão de vantagem competitiva. Por exemplo, jargões do tipo "gerenciamento de pessoas" como vantagem competitiva ou "gestão da informação" como vantagem competitiva são *core capabilities*.

Core competence é a sustentação da vantagem competitiva, parte invisível para o cliente/consumidor, porém consciente para a alta direção da empresa. É de difícil imitação pelos concorrentes. Um exemplo é o domínio das tecnologias química, farmacêutica e médica do leite pela Nestlé.

Daí surgem vários produtos derivados do leite, como leite em pó, leite condensado, creme de leite, iogurte, sorvete, chocolate etc. Muitos acham que isso ocorre por causa da qualidade e da imagem de seus produtos. Porém, qualidade e imagem foram construídas a partir do *core competence*: o domínio da química do leite.

Core capabilities são ações unicamente operacionais da empresa visíveis pelos clientes, compradores, varejistas e de fácil imitação, sem sustentação competitiva duradoura. No Brasil, os sorvetes da antiga Kibon, por exemplo, possuíam um dos mais agressivos *core capabilities* em comparação a seus rivais, os sorvetes da Nestlé: a distribuição. A Kibon estava presente em todos os pontos-de-venda imagináveis: clubes, restaurantes, bares etc.

Se a Nestlé quiser, em pouco tempo estará também presente em todos esses pontos de distribuição, disputando com a Kibon o *core capability* da logística. A Kibon, comprada pela Unilever, adquiriu *core competence* na fabricação de sorvetes, principalmente em picolé sofisticado de alto valor agregado, como também tecnologia de ponta do líder da Europa, um dos possíveis motivos da venda. Outras empresas nos Estados Unidos disputam o mercado *premium* com Hägens Daaz (Nestlé) e Bem & Jerry's (Unilever).

A união entre um bom *core competence* (tecnologia da Unilever) e um *core capability* (distribuição intensiva da Kibon) torna a competitividade de uma empresa quase imbatível, como também seu marketing de vantagem competitiva.

Em meados da década de 1990, surgiram estudos mais profundos para identificar por que empresas como 3M, Sony, Panasonic, Canon, Honda, Disney, HP, Xerox, Intel, entre outras, estavam sempre na vanguarda em termos de mercado, tornando rapidamente obsoletos e bem inferiores os produtos dos rivais e até impossibilitando-os de competir com elas.

A Honda era uma empresa pequena que fabricava apenas motocicletas, *core competence* de pequenos e possantes motores, e passou a fabricar em muito pouco tempo motores de qualidade superior (para carros, geradores, trens) quando comparados com os das tradicionais GM, Ford e GE.

O sucesso da Honda deveu-se ao seu *core competence*, ou seja, saber produzir motores menores (provevientes das motocicletas) e leves, de alumínio, altamente eficientes e econômicos em combustível, alinhados às suas revendedoras, com um suporte completo (*core capability*), distinto dos concorrentes GM e Ford, além da flexibilidade em produzir vários carros em fábricas de tamanho pequeno.

A Disney, por exemplo, cuja essência competitiva ou *core competence* está nos personagens (*products features*) Mickey, Pateta, Pato Donald, Rei Leão, Tarzan, Nemo e tantos outros, gera uma gama de produtos/serviços insuperáveis e de reprodução proibida. Isso além do inigualável *core capability* de serviço impecável de atendimento ao cliente em seus parques temáticos. Vejam que o SeaWorld e o Busch Garden fornecem também excelentes serviços ao cliente, mas não têm *features*. Las Vegas Nevada passou a ser, com seus shows, hotéis temáticos e jogos, um outro pólo de entretenimento, graças à combinação de *core competence* com *core capability*.

A FGV–EAESP tem sua essência competitiva (*core competence*) centrada em professores com mestrado e PhD (doutorado) realizados nas melhores escolas norte-americanas e européias de Administração, com experiência profissional em empresas. Formou-se, então, uma base cultural no campo do conhecimento da administração de empresas.

Essa cultura é traduzida em cursos de vanguarda, inovativos e de alto nível, de difícil cópia quando transmitida ao aluno em sala de aula. Para operacionalizar e absorver toda essa cultura, é necessário uma boa seleção de alunos provenientes das melhores escolas do ensino médio.

A seleção de alunos capazes para operacionalizar o processo do ensino na FGV–EAESP é o seu *core capability*, mas essa seleção não garante o seu sucesso. Se não fosse o *core competence* da excelente cultura dos professores (com mestrado, PhD no exterior e experiência profissional), não seria possível praticar o marketing de vantagem competitiva de liderança do melhor produto/serviço, cobrando o preço *premium* das mensalidades.

A essência competitiva ou o *core competence*, portanto, oferece à empresa condições únicas de desenvolver produtos com atributos de irresistíveis funcionalidade e desempenho e ainda de criar outros produtos que o cliente possa desejar ou imaginar, pagando um preço *premium* cujo valor justifica sua satisfação e suas expectativas.

Com essa essência competitiva, nasce uma ação mercadológica qualificada de *expeditionary marketing*(8) que se resume na idéia de criar produtos que o cliente deseja, mesmo sem saber como os quer, em base de contínuo lançamento, dando-se ao luxo de canibalizar os próprios produtos no momento em que julgar necessário e até de corrigir defeitos de lançamentos dos possíveis concorrentes. Na ação do *expeditionary marketing*, é fundamental trabalhar com os segmentos de mercado estabelecidos em forma de *cluster* e monitorar a mutação dos atributos do produto no *cluster*. (Veja: Segmentação de mercado que traduz valor para o cliente/consumidor, Capítulo 5.)

Empresas do porte de Gessy Lever, Dow Agrosciences, GE, DuPont, Sadia e Nestlé podem igualmente ter a essência competitiva centrada em vários *core competences*, e não em apenas um. Tudo depende do grau de diversificação da empresa.

A Nestlé, conforme mencionado, tem *core competence* no Brasil, e talvez em grande parte no mundo, centrado no domínio da tecnologia químico-farmacêutica do leite, do qual se deriva uma série de *core products*: vários tipos de leites lactantes, cremes, sorvetes, iogurtes, queijos e chocolates. A empresa possivelmente desenvolverá, ou já tem desenvolvido, outro *core competence* no setor mundial do mercado de massas e biscoitos. Porém, terá sempre como vantagem no mercado de biscoitos a facilidade de agregar a qualidade de seu chocolate aos seus biscoitos.

Talvez, ela possa combinar produtos de massa com produtos lácticos. A antiga e pioneira divisão Findus/Nestlé/Maggi tinha no preparo de refeições para microondas a combinação de um cardápio de massas com cremes de leite e queijos, dentro de um *core competence* invisível pelo consumidor. Talvez a única empresa que realmente possa desafiar os congelados da Sadia.

O laboratório Roche tem muito bem definido seu *core competence* em vitaminas e caminha para um outro *core competence* no setor de oncologia, enquanto o Eli Lilly concentra-se nos antibióticos da família das cefalosporinas e, mais recentemente, no setor de antidepressivos (Prozac e outros).

O Glaxo, que desponta na pesquisa para a cura de doenças pelo código genético, é um exemplo de domínio de mercado pela definição e exploração do seu *core competence*. Aliás, o setor farmacêutico sabe explorar muito bem o *core competence* por uma questão de sobrevivência.

Uma das provas mais evidentes da importância de as empresas e os bancos buscarem o fortalecimento do *core competence* são as contínuas alianças estratégicas ou aquisições divulgadas nos noticiários internacionais.(4)

Essas alianças entre empresas são, em geral, uma maneira de unir os *core competences* e os *core capabilities* e criar um ou vários *cores*, a fim de enriquecer o desenvolvimento de futuros *core products* provenientes dessas uniões. Assim, não serão precisos tantos investimentos isolados em P&D, mas sim esforços compartilhados, bem como agilidade, rapidez e inovação nas respostas dos produtos que entrarão no mercado, possivelmente mais baratos e mais competitivos, em decorrência da combinação das novas idéias da aliança. Há alianças que são meros apetites financeiros para aumentar os valores das ações dos acionistas. (Veja o Capítulo 9.)

Muitas vezes, a diversificação em excesso das grandes empresas dificulta a definição de um *core competence* ou faz com que elas se percam no seu *core competence*. O grande erro desses grupos diversificados está na preocupação com a lucratividade das *strategic business units* (SBUs), unidades estratégicas de negócios. Mais tarde, talvez, elas estejam fora do mercado, sem, entretanto, terem consciência de suas falhas ou do que lhes causou a falta de competitividade.

Uma empresa diversificada, como a Nestlé, centrada em seu *core competence* e consciente dele, pode ser comparada a uma árvore.(9) As raízes que a sustentam são o *core competence* (o amplo domínio da tecnologia do leite); o tronco grosso, as linhas dos *core products* (chocolates, produtos lácticos, cremes etc.); os galhos são as unidades estratégicas de negócios e as folhas, flores e frutos são os produtos finais (as várias marcas de sorvetes Nestlé, os chocolates Nestlé, as marcas de achocolatados, o leite Molico, o leite instantâneo Nestlé, bem como as marcas de leites medicinais nutritivos e vitaminados, os iogurtes da marca Chamburcy etc.).

Imagine uma empresa que alia um *core competence* como o da Nestlé ao seu *core capability*. Pense na amplitude de linhas de produtos de qualidade da Nestlé que os supermercados não poderão deixar de ter nas prateleiras e no alto poder de barganha que esta empresa possui junto aos varejistas. Imagine o quanto são grandes as demandas de consumo dos clientes desta empresa e seu poder nas negociações com os supermercados.

Tomemos um outro exemplo do passado, a Arisco, cujo *core capability* estava possivelmente centrado em uma ampla linha de produtos e nos grandes esforços de distribuição, mas cuja essência competitiva (*core competence*) ainda estava indefinida ou não existia. Tornou-se uma empresa, no mundo globalizado, vulnerável a alianças estratégicas ou a ser comprada por empresas multinacionais possuidoras de *core competences* no setor alimentício. Por isso e por seu endividamente, a Arisco cedeu às pressões e foi adquirida pela Unilever.

Agora, imagine se uma multinacional do ramo alimentício, ainda sem presença no mercado brasileiro, tivesse estabelecido uma aliança estratégica com a Arisco. Uniria o seu relevante *core competente* com o *core capability* da Arisco. Infelizmente, não foi o que aconteceu.

Um outro bom exemplo, bastante visível, foi a entrada da ICI no mercado brasileiro de tintas, com a aquisição da empresa Tintas Coral, que possuía um bom *core capability*, mas era carente de um *core competence*. A chegada da ICI fez com que as Tintas Coral/ICI adquirissem tudo o que uma empresa necessita para competir no mundo globalizado: *core competence* da ICI e *core capability* da Coral, simultaneamente.

Você pode estar perguntando se grande parte do mercado industrial brasileiro está fadada a ser adquirida por outras empresas. É possível que sim. Há muita vulnerabilidade nas empresas brasileiras por falta de *core competence*. Somos um país sem vocação para P&D. Veja o que ocorreu no passado com a Metal Leve, a Freios Vargas e outras menores no setor de autopeças. Isso não está apenas ocorrendo no Brasil, mas em grande parte do mundo. A união de forças é uma maneira de competir melhor e enfrentar concorrentes tecnologicamente mais fortes no cenário global. O que torna muitas empresas vulneráveis, em qualquer parte do mundo, é a falta de *core competence*.

O setor de papel e celulose, em grande parte, poderá ser dominado pelo Brasil em âmbito mundial. Temos *core competence* para isso. O eucalipto, aqui, em aproximadamente cinco anos está pronto para o corte e para fornecer a celulose. Nos países escandinavos, são necessários 15 anos ou mais para o corte do pinheiro e o fornecimento da celulose. Contudo, somos carentes de *core capability* internacional que, nesse caso, depende unicamente de ações operacionais e de eficiência por parte da administração dessas empresas brasileiras.

Partindo desses exemplos, podemos concluir que o *core competence*, a essência ou o núcleo competitivo, é uma coletânea de aprendizados, centrada na habilidade de explorar o que a empresa faz de melhor (em múltiplas correntes integradas e coordenadas de tecnologia), traduzida em produtos de valor para o cliente/consumidor.

Em resumo, as finalidades do *core competence* são as seguintes:

- ✓ Formar uma base de competição duradoura.
- ✓ Fazer a empresa crescer e competir no futuro, de acordo com o que faz de melhor.
- ✓ Dificultar a imitação por parte dos concorrentes.
- ✓ Buscar na inovação e na vanguarda da pesquisa e desenvolvimento o melhor produto no mercado e cobrar o preço *premium* dos seus clientes/consumidores.
- ✓ Agregar valor na criação de produtos que o cliente/consumidor deseja, mas que ainda não imaginou como os quer (prática da ação do *expeditionary marketing*).

Lembre-se de que temos concentrado nossa discussão até o momento no *core competence* de uma empresa líder do melhor produto.

Como então seria o *core competence* das estratégias de excelência operacional e de intimidade com o cliente? O *core competence* da primeira está centrado na fórmula (ou receita) eficiente de operacionalizar os *core capabilities* da empresa e toda sua cadeia de valor para se chegar ao conceito inigualável com os concorrentes do mais baixo custo a ser transferido para o preço final do produto/serviço, praticando o preço mais baixo do mercado. O *core competence* da intimidade com o cliente, por sua vez, está em formular a receita criada unicamente por pessoas qualificadas para compartilhar soluções e resultados com o cliente/consumidor na base de que cada caso é um caso.

6.4 Definindo o *core process* organizacional e a organização competitiva voltada para o cliente

Independentemente da estratégia adotada (excelência operacional, liderança do melhor produto ou intimidade com o cliente), é fundamental para a eficiência organizacional da empresa e das estratégias a definição do número de *core processes*, ou processos essenciais, os quais, por conseqüência, formam os *core capabilities* (processos operacionais a serem administrados). Não confundir com *core competence*, que é invisível para o cliente/consumidor.

Conforme sugerimos no Capítulo 2, a empresa competitiva em âmbito global e voltada para o cliente tende a ser administrada por processo horizontal. Portanto, é preciso definir o número de processos que irão torná-la eficiente, ágil, desburocratizada e concentrada em seu objetivo final de sempre tomar decisões agregadoras de valor para o cliente/consumidor.

Os profissionais líderes de cada *core process* passam a ser gestores das equipes de sublíderes que trabalharão diretamente com o cliente/consumidor. Todos os *core processes* são horizontais e se reportam às necessidades do cliente/consumidor, bem como às suas solicitações de um serviço de qualidade compromissado com a satisfação no atendimento.

Qualquer empresa, por menor que seja, ou mesmo uma divisão de uma grande empresa, deverá apresentar três *core processes* básicos ou essenciais para operacionalizar as ações dos *core capabilities*. Esses três *core processes*, direcionados e desenhados unicamente para o cliente/consumidor, caracterizam uma empresa voltada para o cliente e agregadora de valor, pois respondem às necessidades e ações intimamente relacionadas a ele. O cliente/consumidor entra na empresa fabricante de três formas (ou situações):

1. Na forma das necessidades psicológicas e biológicas.
2. Na forma visível ou virtual.
3. Na forma invisível.

O que acabamos de afirmar não é difícil de ser verificado.

Imagine um ou mais clientes/consumidores que queiram determinado produto não existente no mercado, ou seja, que estejam procurando por uma empresa fabricante que satisfaça suas necessidades biológicas ou psicológicas. Nesse momento, aparece uma determinada empresa que resolve satisfazer às necessidades psicológicas e biológicas desses clientes/consumidores, criando e designando uma equipe de pessoas para estudar a viabilidade do desenvolvimento do produto desejado por eles e seu lançamento no mercado. Essa equipe irá elaborar um fluxo de etapas, a ser iniciado pelo estudo da idéia proveniente dos clientes/consumidores via pesquisa de "focus grupo", e os vários estágios intermediários do projeto:

- ✓ Teste do conceito da idéia.
- ✓ Teste do conceito do produto.
- ✓ Protótipos de engenharia.
- ✓ Viabilidades econômica e monetária do produto.
- ✓ Planejamento de marketing e *pay back* financeiro.
- ✓ Lançamento do produto no mercado.
- ✓ Administração do produto durante seu ciclo de vida.
- ✓ Avaliação contínua do pós-venda.

Até transformar a idéia e desenvolver um produto/serviço que possa ser lançado pelo fabricante no mercado, a equipe e seus líderes também serão encarregados de administrar o produto/serviço, bem como futuras inovações e tendências de mercado estabelecidas pelos consumidores durante o seu ciclo de vida (introdução, crescimento, maturidade e declínio) e as políticas de valor conduzidas pelo *marketing mix* nesses quatro estágios de existência do produto.

Nasce, então, um processo essencial. Por quê? Porque está ligado diretamente às necessidades do cliente/consumidor e, partindo da premissa de que nossa empresa fabricante está totalmente voltada para o cliente/consumidor.

De acordo com determinadas habilidades que serão desenvolvidas pela empresa fabricante, o processo nascido e formado terá suas peculiaridades e características, inerentes à empresa, que nada mais são do que um possível (e potencial) *core capability* criado e estabelecido pelas pessoas que formaram uma equipe com líderes para trabalhar diretamente com as necessidades do cliente.

Note que as habilidades e as peculiaridades administrativas das pessoas de cada *core capability* variam de empresa para empresa, conforme a cultura e a vocação de cada uma.

Assim, estabelecemos o **primeiro contato** do cliente com a empresa fabricante que será chamado de **processo de desenvolvimento e administração do produto**. Essa é a forma psicológica/biológica pela qual os clientes entram na empresa fabricante, pois eles procuraram no mercado um produto ou serviço que satisfaça suas necessidades. Lembre-se da escala das necessidades, de Moslow.

Enfatizamos que as ações que envolvem o desenvolvimento de um produto para os clientes/consumidores estão diretamente relacionadas aos próprios clientes/consumidores. (Veja a Figura 6.4.) Esta é a forma biológica/psicológica de como o cliente entra na empresa.

Considere agora vários outros clientes/consumidores que se sentiram atraídos e que demonstraram interesse pelo produto, isto é, querem vê-lo, tocá-lo, experimentá-lo ou prová-lo. Você faz idéia de onde eles

Figura 6.4
Primeiro *core process.*

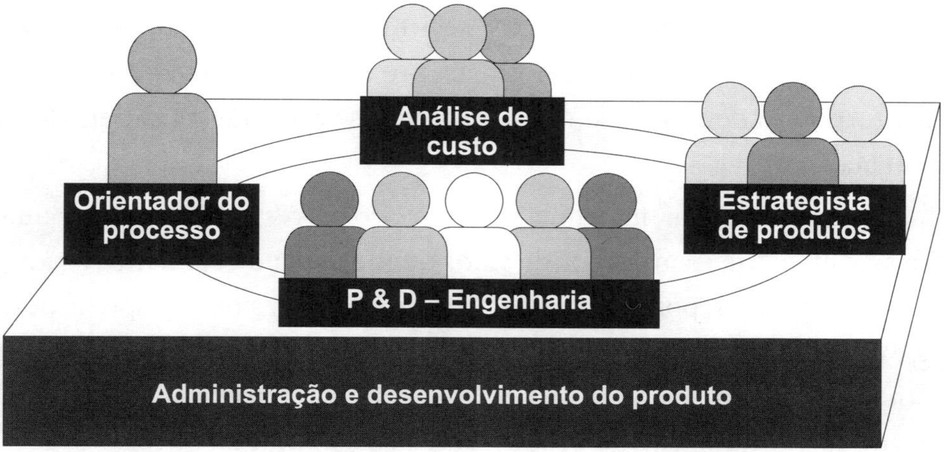

querem que tudo isso possivelmente ocorra? Sim, no ponto-de-venda ou virtualmente, via informações, no site da empresa. Portanto, é lá ou na loja varejista/distribuidora que o fabricante vê o cliente e está em contato com ele. É a forma identificada, face a face ou virtual, quando um colaborador do fabricante varejista realizará as diversas e eficientes formas de informação/divulgação para mostrar e promover o produto ao cliente/consumidor por meio de exposição, experimentação e uma variedade de argumentos suficientemente fortes sobre a qualidade e a performance do produto, além das inúmeras possibilidades de uso da mídia eletrônica e do site da empresa para promovê-lo.

Desse modo, é fundamental que o atendente/balconista/vendedor/site preste um serviço que exceda à expectativa do cliente. É fundamental que ele fique sempre satisfeito com a compra do produto do fabricante e crie um elo de fidelização com o ponto-de-venda ou site. O cliente deve sentir que a compra valeu o preço pago.

Observe que esse é o **segundo contato** identificado pelo fabricante entre o cliente/consumidor e os produtos da empresa. Ele ocorre por intermédio de revendedores ou varejistas, no ponto-de-venda ou pelo site. Ao tocar e examinar o produto/serviço (ou pesquisando as informações no site), o consumidor está, de alguma forma, ligando-se à empresa fabricante que elaborou o produto. Esta, por sua vez, gostaria que os clientes/consumidores sempre buscassem o seu produto, e não o do concorrente, quando fossem às revendedoras ou lojas ou pesquisassem na internet. Assim, identificamos o segundo *core process*, na ocasião em que o cliente entra na empresa fabricante de forma visível ou virtual, por intermédio de um de seus colaboradores varejistas na cadeia de valor ou acessando a *web*.

É preciso enfatizar, mais uma vez, que todo processo da empresa competitiva só é eficiente e agregador de valor quando está diretamente ligado a cliente/consumidor, ponto-de-venda/loja/revendedor/site. A empresa, nesse estágio, precisa oferecer suporte e serviço ao lojista continuamente, por meio dos *trades marketing* ou administradores de categoria, para que os clientes/consumidores sejam leais ao produto/serviço elaborado.

Podemos chamar o segundo *core process* ligado ao cliente/consumidor de **suporte e atendimento ao cliente**. Nele também cada empresa terá particularidades e características próprias, criando as habilidades administrativas a ela inerentes. Note que desenvolvemos um outro (e potencial) *core capability*.

Há empresas em que as ações desse *core capability* (suporte e atendimento ao cliente) são muito mais fortes do que em outras. A Kibon, conforme mencionamos, criou o *core capability* (suporte ao cliente) como ponto forte de suas ações operacionais. Em relação à Nestlé, é muito mais presente e agressiva em bares, padarias, supermercados, clubes, escolas, restaurantes, praias e onde for possível colocar suas máquinas e carrinhos. Foi adquirida pela Unilever, que tem um forte *core competence* mundial na tecnologia de elaboração de sorvetes, e mesmo assim continua agressiva na distribuição de seus produtos, ou seja, mantém o seu *core capability* (suporte de atendimento ao cliente) extremamente forte.

O laboratório Aché possui um excelente *core capability* de suporte ao atendimento a clientes, médicos e farmácias. Os médicos são visitados por mais de mil propagandistas, coisa que nenhum outro laboratório farmacêutico possui.

Figura 6.5
Segundo *core process*.

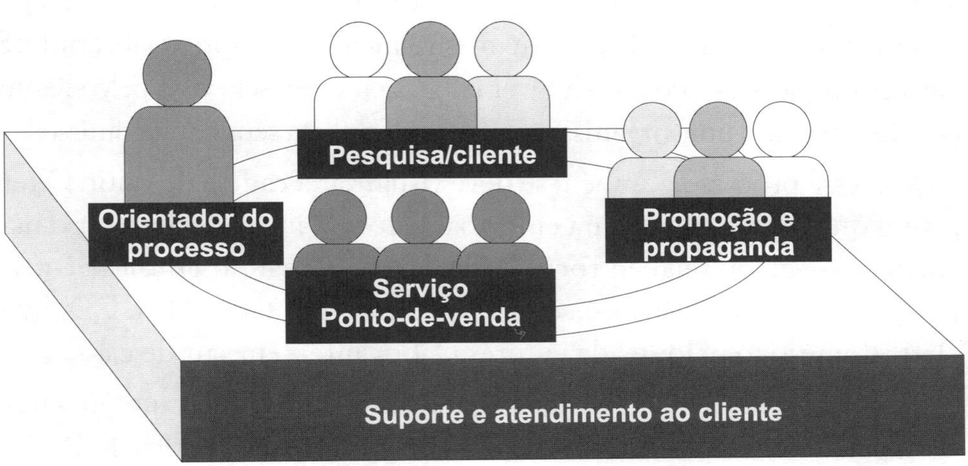

Até o momento, analisamos em uma seqüência lógica o primeiro e o segundo pontos de entrada ou contato do cliente/consumidor com a empresa fabricante, ou seja, dois *core process*:

1. **Desenvolvimento e Administração do Produto**, que se resume em desenvolver e oferecer ao cliente o produto/serviço que ele quer no mercado.
2. Dar ao cliente/consumidor o direito e a liberdade de decidir sobre a posse do produto/serviço no lugar certo e no momento certo, ou seja, no ponto-de-venda/loja/site. É nesse local que a empresa fabricante poderá auxiliá-lo com informações para a sua melhor compra. Por isso, chamamos esta etapa de **Suporte e Atendimento ao Cliente**.

Abordemos, agora, o terceiro e último *core process* básico da empresa voltada para o cliente: o único modo pelo qual o cliente "entra" na empresa fabricante de forma invisível, percorrendo todas as áreas (administração de vendas, crédito, PCP, produção industrial, matéria-prima, estoque, produto acabado, entrega de mercadorias e serviço operacional interno), é pelo seu "pedido". Essa é a hora da verdade.

É nesse momento que o cliente/consumidor, invisível (nunca viu a linha de produção da empresa), vê e mede a eficiência dos serviços interno e operacional da empresa fabricante, no que tange ao atendimento do pedido via internet, fax, telefone, e-mail ou outro documento, bem como a logística de receber o produto, conforme data e local combinados. Tanto o varejista quanto o consumidor final entram invisivelmente na empresa fabricante. Se em alguma parte do processo houver falha, a empresa será vista pelo cliente e pelo lojista como uma organização não confiável em seus compromissos.

Nesse processo, também se deve visualizar a cadeia de valor. O tempo em que o cliente entra na empresa de forma invisível deve ser o mais curto possível, ou seja, o processo ideal deve-se realizar *on demand* ou em tempo real. É como se você comprasse um computador Dell, CD, livro, eletrodoméstico pelo *site* da empresa fabricante, sem sair de casa.

Todos os integrantes de uma equipe, incluindo o líder que atua nessa área, pertencem a um único *core process* denominado **Logística do Pedido**.

Figura 6.6
Terceiro *core process.*

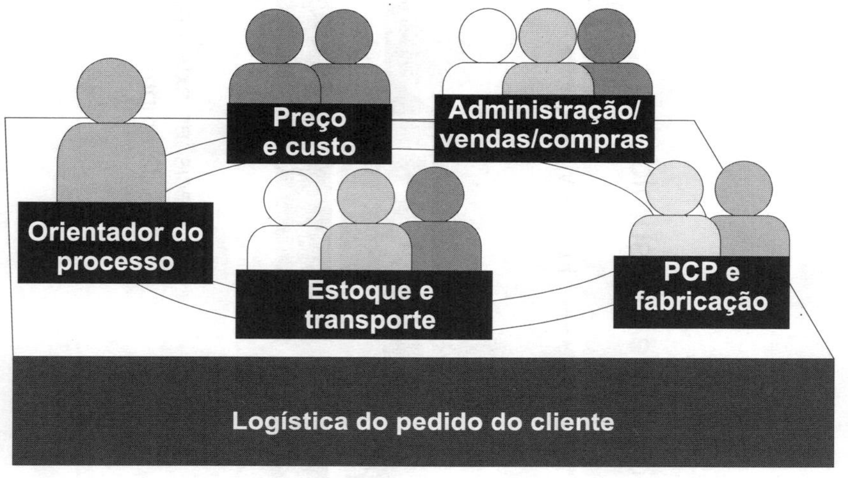

Essa equipe trabalhará exclusivamente para atender aos pedidos dos clientes/consumidores ou varejistas. (Veja a Figura 6.6.)

Note que os fornecedores, em conjunto com essa equipe, administram os estoques da produção, a fabricação, o programa de PCP, o transporte do produto acabado, a administração de vendas e o faturamento, pois estão *on-line* em tempo real *on demand.*

A Figura 6.7 ilustra a administração de uma empresa moderna e competitiva com os três *core processes* básicos *on-line*. Uma grande empresa pode ter inúmeros *core processes*. Por exemplo, 20 ou 30. Entretanto, eles originam-se dos três básicos aqui mencionados. Essa é a empresa voltada para o cliente, pois só administra processos para atender às solicitações das necessidades dos clientes e foi formada pelas partes em que o cliente/consumidor entra na empresa para satisfazer suas necessidades. Diferentemente da empresa hierarquizada, em que funcionários, na sua maioria, trabalham para os objetivos dos respectivos chefes de departamentos.

A Figura 6.8, por sua vez, mostra muitas possibilidades de processos de várias áreas de desenvolvimento e administração de produtos, diferentes tipos de logística de pedidos, que poderão estar em várias áreas geográficas, e diversos tipos de suporte ao cliente em uma suposta empresa de alimentos, como Nestlé, Unilever, Sadia etc.(10) Também é válido para qualquer outro tipo de empresa.

Figura 6.7
Os três *core processes* definem a organização voltada para o cliente/consumidor e suas capacidades centrais ou *core capabilities* bem definidos.

Figura 6.8
Inúmeras possibilidades de processos definidos pelos três *core processes* básicos de uma empresa de alimentos.

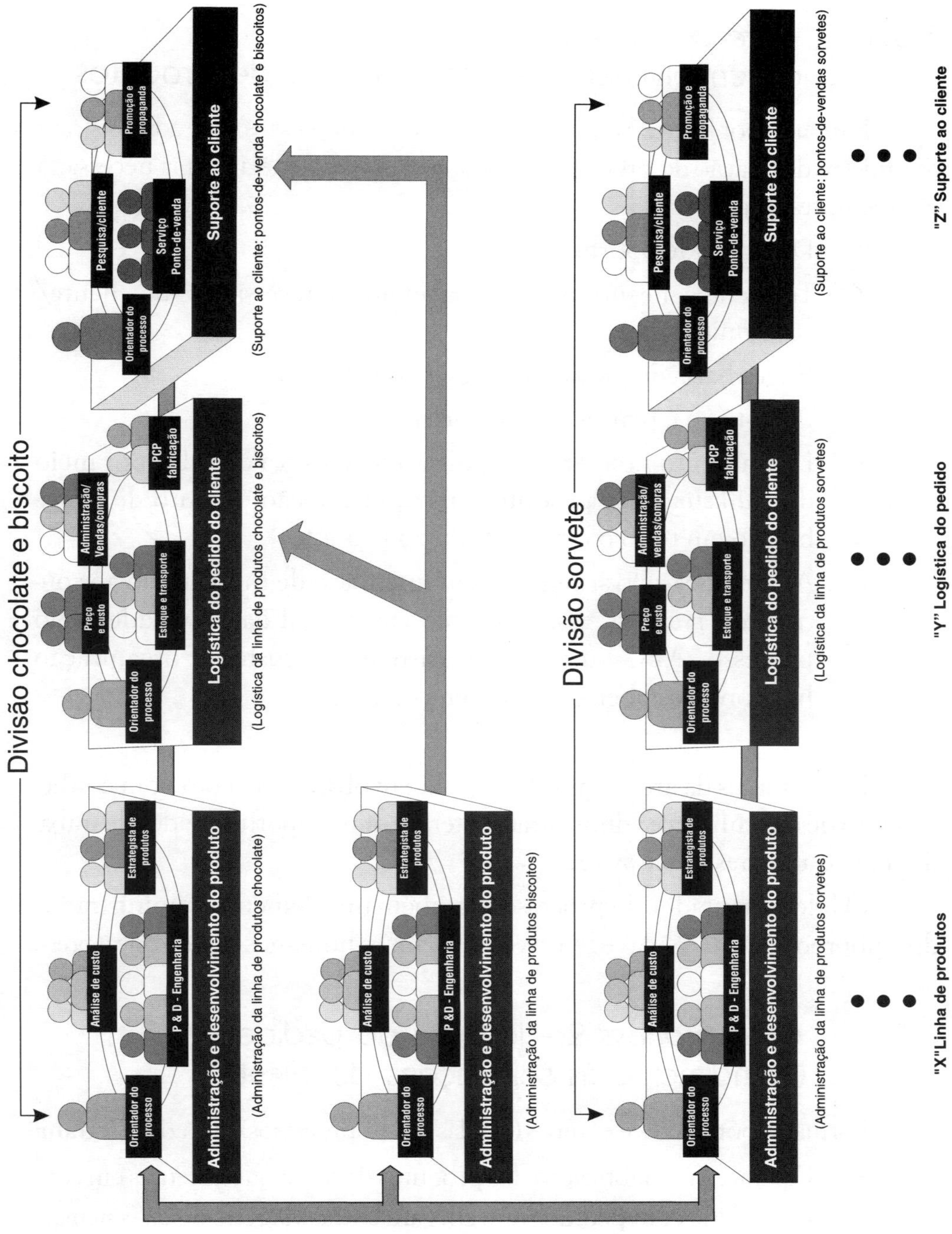

6.5 Descrição em ordem organizacional: os três *core processes*

6.5.1 *Core process* 1 desenvolvimento e administração de produtos

Formado por líderes e equipes (células ou subprocessos) que administram os projetos de criação do produto/serviço, seus custos e a tecnologia necessária nas seguintes etapas:

- ✓ Detecção de oportunidades.
- ✓ Testes de conceitos da idéia (saber a real necessidade do cliente/consumidor).
- ✓ Engenharia de produção e desenvolvimento.
- ✓ Protótipos e planos de teste no mercado.
- ✓ Lançamento no mercado; política de entrega de valor por meio do *marketing mix*: produto, preço, promoção e ponto de distribuição em todo o ciclo de vida do produto.
- ✓ Alimentação do sistema *on-line* integrado de informação aos outros *core processes*, assim como o custo total das atividades pelo processo ABC ou por outro sistema de custo da organização horizontal estabelecido pela empresa).

Profissionais da área de produtos e desenvolvimento, com bom conhecimento de engenharia e administração, terão ótimas oportunidades de trabalho em equipe neste *core process*.

O líder orientador do processo é também um elemento administrador dos subprocessos ou células e sensível aos recursos humanos do seu *core process*.

6.5.2 *Core process* 2 - logística do pedido (atendimento às solicitações do cliente)

Formado por líderes e equipes (células ou subprocessos) que administram:

- ✓ Operações de fabricação dos produtos de linhas já existentes em conformidade com pedidos que chegam *on-line* via rede ou *on demand*.

- ✓ Planejamento da produção.
- ✓ Estoque dos depósitos de matéria-prima e de produtos acabados.
- ✓ Logística de atendimento das entregas dos pedidos dos clientes em tempo real e chegada.
- ✓ Recebimento do suprimento comprado e a saída do produto acabado em tempo real; os custos de produção e a alimentação das informações do sistema *on-line* de informação integrado aos outros dois *core processes* (desenvolvimento do produto e suporte ao cliente), para que todos os elementos da empresa possam tomar decisões e contribuir para a definição do custo total do produto e da atividade de cada processo.

Profissionais da área de logística, no futuro, serão muito procurados pelo mercado, pois terão de dominar também o processo de produção e a cadeia de valor. Hoje, o gerente de produção está preocupado em produzir. O profissional de logística está preocupado em atender o cliente.

O líder orientador desse processo e do subprocesso também é um elemento administrador e sensível aos recursos humanos do seu *core process*.

6.5.3 *Core process* 3 – suporte ao atendimento do cliente

Formado por líderes e equipes que administram o serviço de atendimento ao cliente no ponto-de-venda, da seguinte forma:

- ✓ Pesquisam também as necessidades atuais e futuras do mercado no ponto-de-venda pelo contato face a face com os clientes.
- ✓ Informam e divulgam ao cliente e ao mercado os produtos e serviços existentes e as ações da concorrência.
- ✓ Enviam e discutem com a fábrica (ou fabricante) tanto o método de promoções como os tipos de produtos solicitados pelos clientes. Com os facilitadores, *trades marketing* ou colaboradores e administradores de categorias, procuram a integração.

✓ Detectam constantes mudanças no mercado e os movimentos da concorrência.

✓ Trocam informações com a fábrica e com o pessoal do processo de desenvolvimento e administração de produtos.

✓ Alimentam o custo da atividade do processo em sistema *on-line* integrado, informando aos outros *core processes* suas ações. O líder também administra os recursos humanos do processo.

Assessorando esses três *core processes*, encontram-se a presidência e alguns diretores (*staff*) controladores de todos os processos que, em equipe, guiam o programa de visões, inovações e melhorias contínuas, reestruturações, planejamento estratégico, investimentos, mudanças dos custos operacionais das atividades, *core competences*, melhorias constantes do sistema de informática para dirigir o futuro da empresa com diversificações e análises de investimentos em outros possíveis negócios globais, bem como os objetivos a médio e longo prazos, com os líderes e liderados provenientes dos três *core processes*.

O **presidente** reporta-se ao **conselho de acionistas**, informando, motivando, monitorando a **diretoria** na estratégia central e coletando os resultados da empresa. A **diretoria operacional e de pessoal** cuida da execução dos processos organizacionais e de seus custos, bem como do capital de giro e finanças dos serviços operacionais eficientes e eficazes executados por pessoas, ou seja: o **recurso não-matéria** (Capítulo 2).

A **diretoria de serviços informatizados** faz com que os serviços informatizados e seus *softwares* ou *hardwares* fluam *on-line* com as mudanças da tecnologia da informação do dia-a-dia e seus custos. Cuida da agilidade e da velocidade da empresa: **recurso tempo** (Capítulo 2).

A **diretoria estratégica e de planejamento**, por sua vez, envolve-se com planejamento estratégico e com o futuro (planos de vendas globalizadas, oportunidades de negócios e novas tecnologias de produtos, expansões de mercados internacionais) e preocupa-se com metas e com o resultado do faturamento global da empresa e seus custos. Cuida do **recurso espaço** (Capítulo 2).

É interessante notar que todos os componentes das equipes dos três *core processes* estarão envolvidos com as áreas de marketing, finanças e recursos humanos simultâneamente, segundo uma filosofia uniforme dentro

Figura 6.9

Organizanização horizontal – interligação dos processos centrais de possíveis empresas de alimentos, farmacêuticas, bancárias, industriais, varejistas, de serviços etc.

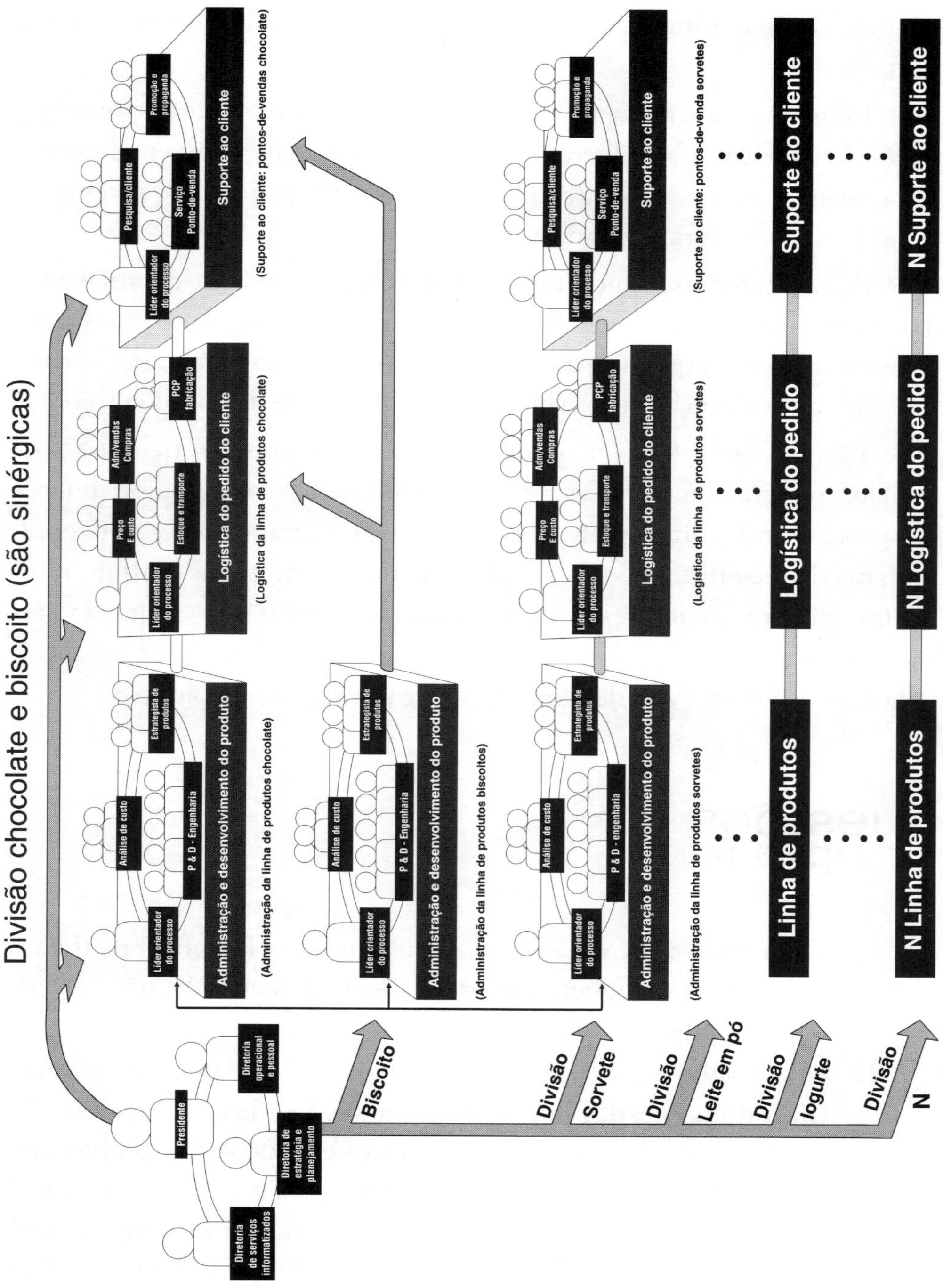

da empresa. Na organização horizontal, as decisões não serão concentradas em pessoas, como na hierárquica, mas em um conjunto de pessoas-time. Os departamentos de marketing, finanças e RH poderão ser descontinuados. Todos os funcionários praticarão marketing, RH e finanças com a ajuda de *softs*.

Programas de *software* financeiros e informatizados terão responsabilidade sobre a estrutura do lucro. O profissional de finanças deverá dominar o conhecimento do sistema de informática ou o profissional do sistema de informática dominará as finanças.

A remuneração será incentivada com base na performance dos resultados das equipes de cada *core process* no mercado e no relacionamento direto com o cliente, com metas pré-determinadas no planejamento estratégico. Salário fixo mais meta alcançada como bônus devem ser a base da remuneração.

Bônus de pacotes de ações/dividendos da empresa, entre outros benefícios, poderão também fazer parte da remuneração das equipes líderes dos processos organizacionais. O presidente será o grande maestro e representante dos acionistas nos dividendos dos lucros, estratégias centrais, futuros investimentos e interesses da organização. A Figura 6.9 define a visão global da organização processual ou horizontal na era digital *on demand* voltada para o cliente. (Veja detalhes dessa organização no Capítulo 8.)

questões para refletir

1. Os executivos de sua empresa têm uma visão integrada de toda a cadeia de valor. Sabem explorá-la adequadamente? Se não, devem começar desde já a cultivar a visão.
2. Reflita sobre qual será a zona de lucro na cadeia de valor da indústria automobilística nos próximos anos. Venda do carro zero? Financiamentos? Serviços, manutenção e soluções de problemas? Venda e financiamento do carro usado com garantia de um ano? Quem sabe as duas últimas opções, não vistas de maneira míope? Análise semelhante devem fazer os revendedores de veículos das

montadoras, identificando uma futura zona de lucro, de acordo com as estratégias de valor apresentadas.

3. Você está convicto, ao ler a descrição do processo da Figura 6.3, de que na era digital os consumidores e clientes não vão perder tempo indagando e discutindo preço via internet? Você sabe que o preço está na tela do computador e que as empresas terão de optar por uma das três estratégias de valor? Não há como fugir! É a pura realidade! Não perca tempo, aja! Decida qual será sua estratégia central e seu marketing de vantagem competitiva.
4. No mundo competitivo de hoje, é vital que as empresas definam seu *core competence* para sustentar a competição. Sua empresa tem possibilidade de formar um *core competence*? Seus executivos confundem *core business* com *core competence* e com *core capability*? Pense quantas vezes seu *core capability* foi imitado pelos concorrentes. Veja como foi fácil a imitação!
5. Você concorda que 80% das empresas brasileiras procuram ser diferentes de seus concorrentes unicamente no *core capability*? Por que isso acontece? Falta vocação ao povo brasileiro em pesquisa e desenvolvimento?
6. Você está preparado para trabalhar em uma empresa na qual os chefes são o cliente e a tela de um computador? Pois essa é a organização do futuro.
7. Você acha que os atuais gerentes de produtos, gerentes de logística e os gerentes de relacionamento com o cliente poderão ser os próximos líderes da organização do futuro? Vale a pena investir profissionalmente nessas áreas?

7

Técnicas administrativas para a busca contínua de valor superior para a manutenção do marketing de vantagem competitiva

7.1 *Design* do planejamento estratégico integrado em equipe

O plano estratégico é um documento cujo objetivo é guiar os destinos da empresa por um bom período de anos.(1) Nele estão determinados os elementos fundamentais ou a espinha dorsal que a empresa será capaz de empreender, sob a forma de:

- ✓ Diretrizes.
- ✓ Cenários.
- ✓ Objetivos/expectativas.
- ✓ Definição das ações.
- ✓ Controle e revisão.

Um planejamento estratégico bem elaborado, que conte com a participação de todos os elementos da organização em sua montagem, faz com que as equipes e pessoas nele envolvidas estejam comprometidas com os valores culturais da empresa e com os resultados a serem alcançados.

Para uma empresa competir eficientemente nos respectivos mercados, ou em outros a serem determinados, é fundamental ter um planejamento estratégico bem definido, conciso e preciso para a tomada de decisões. Planos estratégicos extensos, muito descritivos e demasiadamente detalhistas são esquecidos em CDs, em pastas, nas prateleiras e gavetas, porque, muitas vezes, a falta de objetividade e de focalização os leva a perder o crédito junto aos seus usuários e participantes.

Em um plano estratégico, conhecer com precisão o mercado em que a empresa atua, os seus cenários, focalizar as necessidades dos clientes/consumidores e saber a quem de fato se está servindo e vendendo são fatores fundamentais. São esses os primeiros passos para que a organização e as pessoas que dela participam tenham melhor entendimento na elaboração e na execução do planejamento estratégico. Embora haja diversas metodologias para a elaboração do planejamento estratégico (ou planejamento estratégico empresarial), a maioria contém muito dos elementos comuns descritos a seguir.

7.1.1 Diretrizes organizacionais

Missão

É a declaração do motivo de existência da organização, que normalmente apresenta mudanças culturais e de princípios no decorrer de sua vida, a não ser que se opte por uma completa diversificação. A missão é essencial para orientar a empresa a se voltar para uma visão de futuro e para seus princípios e valores.

Visão da organização

É o que orienta a organização sobre seu destino no período de alguns anos e sobre como será visto o programa de seu futuro nesse período. O que queremos ser daqui a alguns anos?

Valores

Resumem-se na crença básica da fundação da empresa. São também os princípios que regem a cultura e a ética da organização.

Foco estratégico

É a determinação de como a empresa irá utilizar o seu *core competence*, ou seja, como usará aquilo que faz melhor que os seus competidores e que é difícil de ser imitado. É desse foco estratégico que se origina a base da criação de valor para o cliente/consumidor e as estratégias centrais de **liderança do melhor produto, excelência operacional e intimidade com o cliente**, possibilitando aos líderes definições sobre como operacionalizar eficientemente as ações das capacidades centrais, *core capabilities* (os três *core processes*), para viabilizar o potencial do *core competence* da empresa. Uma empresa sem uma das três estratégias centrais não terá definição e objetivo claros no seu planejamento estratégico. Estará navegando sem direção no mercado. Fará sempre ações ao curto prazo. Não terá visão de longo prazo. Deixará que as concorrentes do mercado a levem para algum lugar desconhecido, sem controle e sem futuro.

Formação de cenários

É a visão externa, ou seja, uma análise projetada para os próximos anos sobre as variáveis ambientais, a formação de cenários, as tendências econômicas, políticas, sociais, culturais, demográficas, tecnológicas e o comportamento dos competidores, de forma simulada.

Análise geral dos recursos da empresa

É uma reavaliação da empresa para se certificar de que ela tem estrutura para suportar visões, cenários, metas e objetivos futuros programados durante um tempo estipulado.

Diagnóstico dos possíveis sucessos e obstáculos

É o levantamento dos pontos Fortes (desenvolvimento e fortificação dos *core capabilities*), das Oportunidades, bem como das Debilidades e das Ameaças futuras (quadro FODA, similar ao SWOT[1]). As oportunidades e ameaças são vistas e obtidas nos cenários das variáveis ambientais externas e

[1] SWOT significa *Strenghts* (forças), *Weaknesses* (fraquezas), *Opportunities* (oportunidades) e *Threats* (ameaças).

os pontos fortes e as debilidades são vistos, analisados e interpretados dentro da empresa, comparando-se sua performance no mercado com a de seus concorrentes.

7.1.2 Estabelecimento de objetivos e expectativas da organização

Objetivos qualitativos e metas quantificáveis e de faturamento e lucro

São a venda total e o lucro que a empresa terá de estabelecer para remunerar os acionistas e a comunidade dela dependentes, os quais são projetados, anualmente, para os anos seguintes.

Análise dos recursos operacionais da empresa

É uma análise dos recursos financeiros, mercadológicos, produtivos, logísticos, de P&D, de RH etc. cujo propósito é não deixar que os objetivos e metas traçados se tornem inatingíveis por não terem sido dimensionados adequadamente.

7.1.3 Definição das ações da organização

Estratégias

São as estratégias de setores como marketing, finanças, produção, P&D, informática, RH (embutidas em cada *core process*) desenvolvidas para atingir as expectativas segundo os objetivos e as metas de vendas e de lucro estabelecidos pela organização.

Tática / plano de ação

É a explicação de como as estratégias serão implementadas e organizadas em ações operacionais para se obter os resultados de venda e lucro.

Orçamento (budget)

É a quantificação e a discriminação dos custos para implementar e executar as ações táticas. Contém o quadro descritivo do lucro e da perda da organização, bem como a evolução patrimonial.

Execução

É a definição do grau de motivação e de envolvimento entre lideranças e equipes para o cumprimento das estratégias e táticas ou ações operacionais estabelecidas. Por exemplo, no *core process* do desenvolvimento e da administração do produto, seriam estratégias de ação referentes a produto, promoção e distribuição, assim como a execução, pelas forças de vendas, das estratégias e táticas de ação do produto nos territórios em que estão alocadas.

Controle e revisão

Identificam-se os "desvios" e os motivos que originaram as diferenças entre o que foi planejado e os resultados obtidos. A revisão desses desvios pode ser feita mês a mês, trimestralmente ou de acordo com um cronograma preestabelecido. Portanto, para uma empresa ser competitiva, seu planejamento estratégico deve ser conhecido por todos, em um esforço de participação global que pode ser chamado verdadeiramente de organização, com comprometimento e responsabilidade para se alcançar os resultados programados. É uma poderosa técnica para guiar os passos da empresa, hoje e amanhã.

7.2 Programas de qualidade

No início da década de 1950, e até o final da década de 1970, aproximadamente, os profissionais em qualidade preocupavam-se com o conceito de qualidade aplicado à produção e à fabricação de produtos tangíveis.(2, 3, 4, 5, 6, 7, 8, 9 e 10) Posteriormente, com o objetivo de perseguir qualidade para se obter produtos sem defeito, os esforços dos programas nessa área passaram a se concentrar no desenvolvimento de métodos e práticas de produção, na melhoria contínua dos processos organizacionais e na qualidade do atendimento ao cliente.

Como os serviços são elaborados por pessoas, e não por máquinas sofisticadas, os programas de qualidade têm evoluído bastante nesse campo intangível. Não é para menos, uma vez que o setor de serviços corresponde a uma considerável parcela do Produto Interno Bruto (PIB) brasileiro.

Técnicas de melhoria da qualidade dos serviços e produtos, controles estatísticos, fluxogramas e diagramas de causa e efeito, racionalização dos processos de produção, empenho e motivação das pessoas — além da aplicação de novas e velhas ferramentas de qualidade — propiciaram notáveis avanços na qualidade de nossos produtos, na área de atendimento aos clientes e no âmbito da empresa voltada ao atendimento de seus clientes com o objetivo de perpetuá-los na organização.

No todo, os programas de qualidade, tanto de serviço como de produto, têm exercido influência sobre o resultado financeiro de muitas empresas. Consultores e especialistas da área influenciaram a maioria das empresas para o fato de que o cliente é quem determina qual deve ser o padrão de qualidade dos produtos. Isso significa que, uma vez conhecidos os desejos e as necessidades do cliente, tudo é uma questão de definir as especificações do serviço ou produto e garantir que ele seja produzido de forma simples, econômica e sem defeitos, para sua total satisfação.(11 e 12)

Em meados da década de 1990, surgiu também o movimento pela qualidade dos serviços, função esquecida e totalmente dependente do fator humano, para realizar tarefas e obter resultados. Verificou-se que o setor de serviços não produzia seus bens com a qualidade exigida pelos clientes/consumidores. Restava então motivar, inspirar e treinar as pessoas para que elas produzissem bens de serviços de modo a satisfazer e atender melhor os clientes. O novo modo de pensar a qualidade de produtos e serviços acrescentou novas dimensões e importância aos programas de qualidade. Nas empresas, foi introduzido o conceito global de qualidade total em toda a organização, tanto no serviço interno quanto no externo. Nascia também a filosofia do "zero cliente perdido".

Entretanto, as organizações que adotam as técnicas de desenvolvimento contínuo e melhoria da qualidade total devem se preocupar com o que é fundamental para o sucesso desse programa: a qualidade das pessoas nele envolvidas. A qualidade pessoal é a base de todos os outros tipos de qualidade. Em marketing de serviços, jogam-se todas as fichas nas estratégias de qualidade do atendimento ao cliente, ou seja, serviço operacional intangível; mas se esquecem de desenvolver as estratégias para vender o serviço.

Esse é o futuro do puro marketing de serviços. Qualidade não é estratégia, e sim cultura e filosofia a serem adotadas pela empresa. Muitos desses programas propiciaram produtos e serviços de alta qualidade, melhoria de performance, *design*, durabilidade, melhoria dos processos organizacionais e fabris, melhoria nos serviços de atendimento ao cliente e também respeito às suas necessidades e interesses, sem que fossem cobrados altos preços pelo pacote de atributos em oferta. Enfim, os programas de qualidade total são uma das técnicas ou ferramentas administrativas à disposição da empresa, contribuindo para a excelência das organizações ao ofertarem produtos ou serviços que agreguem continuamente valor aos clientes/consumidores.

Qualidade total é uma técnica de eficiência administrativa cujos objetivos são alcançados a médio e longo prazos, portanto, a custos maiores, para obtenção de melhor competitividade.

Note que, em competitividade, corre-se contra o relógio, e o fator tempo, nos nossos dias, pode ser sinônimo de obsolescência.(13) Qualquer programa de qualidade que vise à qualidade global ou total de uma organização deve incluir melhoramentos simultâneos nas seguintes áreas:

- ✓ Qualidade do pessoal – seleção, treinamento contínuo, desempenho, motivação e compromisso.
- ✓ Qualidade de produtos/serviços fabricados e elaborados – busca de atributos de valor para o cliente/consumidor.
- ✓ Qualidade nos serviços organizacionais internos e externos – atendimento aos clientes, cobranças, pagamentos, logística, marketing, finanças, RH etc.
- ✓ Qualidade nos sistemas de suporte organizacional – planejamento global, administração, informatização e tecnologia.

Nesses quatro programas de dimensões amplas, devemos observar e considerar, na aplicação dos programas de qualidade, os métodos e princípios estabelecidos por W. Edward Deming, J. M. Juran, Kaoru Ishikawa, Jan Carlzon, Karl Albrecht e Philip B. Crosby.(2, 3, 4, 5, 6, 7, 8)

É interessante observar que, no mundo atual de mudanças rápidas, impulsionadas pelas forças competitivas descritas anteriormente, em que o fator tempo é vital, o emprego de programas de qualidade total pode ser ineficaz para melhorar a competitividade da empresa, pois neles ainda permanece o nível hierárquico, como também os processos burocráticos verticais e horizontais. Ambos, em menor escala, mas elevando custos, o que não agrega valor ao cliente/consumidor. Em muitas situações, os programas de melhoria da qualidade total são aplicados com resultados visíveis em divisões e na administração de linhas de produtos. Entretanto, aplicar programas de qualidade em produtos ou serviços que estão na fase de maturidade ou que estão na fase de início de declínio, como ocorre com vários produtos brasileiros, é pura perda de tempo.

Em geral, melhorar a qualidade dos produtos em fase madura de mercado produz despesas desnecessárias. É melhor procurar lançar novos produtos. Assim, programas radicais, como reestruturação dos processos organizacionais, reengenharia e criação de produtos inovadores, que arregalem os olhos do cliente/consumidor, podem ser mais adequados, pois oferecem respostas rápidas para a competição e para a tomada de decisão na agregação de valor.

7.3 *Benchmark* contínuo

Uma das maneiras de avaliar a competitividade e a performance de determinada organização é compará-la às outras empresas concorrentes ou competidoras indiretas,(14) principalmente se a empresa pratica o marketing de vantagem competitiva a baixo preço. As medições de uma organização, uma vez confrontadas com produtos ou serviços das concorrentes, competidoras ou empresas líderes em outros setores, podem revelar quem possui as melhores práticas do mercado e estimular a empresa a buscar e superar essas melhores práticas administrativas e organizacionais, colocando-se na vanguarda competitiva. Essa técnica de superação, que se baseia nas melhores práticas de mercado e conduz ao desempenho superior da organização, denomina-se *benchmark*.

É relevante considerar que o *benchmark* relativo às empresas concorrentes pode sempre apresentar dificuldades. De um lado, as confrontações do desempenho dos concorrentes podem revelar a existência de práticas e informações que não valham a pena ser realizadas. Por outro lado, podem servir de base para a comparação e equiparação da performance dos concorrentes ou entre as empresas observadas e aquela que observa. Entretanto, obter informações sobre os concorrentes é muitas vezes tarefa árdua. Desse modo, é preferível buscar um *benchmark* mais receptivo, de empresas não-concorrentes, que não atuem no mesmo setor.

O *benchmark* de um não concorrente pode fornecer informações de suas melhores práticas de administração a fim de melhorar seu *core capability*. Tais informações poderão incluir tipos de tecnologia, métodos de controle de fabricação, logística dos produtos, sistema de entrega, programas e sistemas organizacionais, relacionamento com fornecedores, sistemas de atendimento ao cliente e metodologia de vendas *on-line*, redefinição de processos organizacionais, desenvolvimento de programas de qualidade etc. Para ser proveitoso, um *benchmark* deve ser feito entre:

1. Empresas semelhantes, com administrações comparáveis operacionalmente. Por exemplo, atendimento ao cliente Credicard/Tam com o atendimento ao cliente do Itaú Seguros e vice-versa.
2. Empresas de setores diferentes, mas com um certo grau de sinergia.
3. Empresas conhecidas e reconhecidas como as que possuem as melhores práticas no mercado.
4. Organizações de categoria internacional, para obter padrões internacionais de *benchmark* no mundo globalizado.

É interessante notar que muitas empresas não procuram adotar o *benchmark*, mas sim as normas de certificação ISO. Lembramos que nosso modelo também é desenhado para empresas que criam, inovam e auto-superam padrões de estratégia e competitividade. São empresas que praticam a liderança do melhor produto. Portanto, não devem seguir as normas de certificado ISO. Elas ditam as regras dos programas de *benchmark* e ISOs.

O *benchmark* é muitas vezes uma ferramenta na estratégia de intimidade com o cliente. As empresas que praticam o marketing de vantagem competitiva de liderança do melhor produto passam a ditar o padrão de *benchmark* no mercado em que atuam.

7.4 *Downsizing*: o início da horizontalização e da reestruturação dos recursos humanos

O *downsizing*, uma das técnicas sugeridas por nosso modelo, pode ser empregado para tornar a empresa mais ágil e competitiva.(15) É o início da horizontalização da empresa.

Voltada para o "enxugamento" organizacional e para os cortes de pessoal, mais no plano vertical do que no horizontal, essa técnica tem por objetivo reduzir os estágios burocráticos e os custos administrativos, eliminar altos níveis hierárquicos e agilizar a tomada de decisões.

Por meio de fusões de departamentos, gerências e divisões, em que se eliminam funções que não agregam valor ao cliente/consumidor, o *downsizing* procura implantar na empresa uma estrutura operacional de apenas um ou no máximo dois níveis hierárquicos e utilizar a tecnologia da informação como fonte para controlar a tomada de decisão da empresa.

Iniciativas como essas se traduzem principalmente em cortes de despesas e de cargos de alta gerência, gerência média, pessoal de *staff*, supervisores, controladores e coordenadores.

O *downsizing* surgiu em várias empresas americanas e européias, muitas das quais chegavam a ter 14 níveis hierárquicos para autorizar uma decisão. No Brasil, é a técnica mais empregada para agilizar decisões, desburocratizar e reduzir custos, mas não para buscar eficiência. Na maioria dos casos, não visa ao cliente/consumidor; ao contrário, estressa os funcionários que se encontram no meio da pirâmide da empresa, em virtude do excesso de tarefas e cobranças e, em geral, pela falta de estrutura, de pessoal e de ferramentas para o desempenho adequado e eficiente do trabalho. Entretanto, é a técnica mais simples a ser empregada por uma empresa que queira primeiro introduzir a administração horizontal para, depois, adotar uma das três estratégias superiores formuladas em nosso modelo e partir para o marketing de vantagem competitiva.

Os principais objetivos do *downsizing*, ao promover a mudança da estrutura e do pensamento competitivo da empresa, são os seguintes:

- ✓ Tomada mais rápida de decisões e redução de custos — significa especificar com antecedência quais decisões devem ser tomadas e em quanto tempo, bem como o tempo necessário para que a estrutura de tomada de decisões seja estimulada. Segue-se um exame dos fluxogramas departamentais para identificar os caminhos mais curtos para as tomadas de decisão. Assim procedendo, evidenciam-se os níveis gerenciais desnecessários, os comitês burocratizantes e o número de pessoas que excede à demanda do sistema organizacional.
- ✓ Rápidas respostas às ações dos concorrentes - encurtar o caminho entre as pessoas que tomam conhecimento dos primeiros movimentos da concorrência, os que decidem o que fazer e os que implementam a decisão.
- ✓ Comunicação menos distorcida - reduzir os níveis hierárquicos e investir em redes de computadores a fim de minimizar as distorções.
- ✓ Difusão mais rápida de inovação e de novas idéias. Existe um ponto em que o “enxugamento” da organização pode originar um clima cultural inóspito (por exemplo, perda de motivação). O *downsizing* bem planejado tem efeitos incentivadores e pode eliminar o clima de paralisia.
- ✓ Facilitação da integração e sinergia dentro da empresa em relação às necessidades do cliente — o enfoque dessa mudança requer limitações na hierarquia entre gerentes, decisões diferenciadas

sobre os clientes principais e controle das operações com regras flexíveis.

- ✓ Aumento da produtividade organizacional, contato mais assíduo com os clientes, em termos de decisão, e maior responsabilidade individual. Esses objetivos são naturalmente alcançados em uma organização agilizada. Devemos delegar poderes de decisão a quem está mais próximo dos problemas do cliente, principalmente àqueles que lidam com ele no dia-a-dia.

O *downsizing*, como já comentamos, é o primeiro passo para se chegar a uma organização horizontal ou a uma administração por processos (nível hierárquico zero). É uma técnica menos traumática do que a reengenharia. Várias publicações sobre negócios e o cotidiano das empresas brasileiras mostram que elas têm optado inicialmente por essa técnica, mantendo-a como objetivo final.

A Figura 7.1 apresenta um exemplo de organograma de uma empresa que empregou o *downsizing* e conseguiu reduzir a três os níveis hierárquicos, agilizando, conseqüentemente, suas decisões, sem afetar os resultados da área de vendas. O *downsizing* não é a solução ideal para tornar a empresa competitiva em âmbito global, pois, conforme mostra a Figura 7.1, a empresa fere a estratégia superior da excelência operacional de nosso modelo e a prática do marketing de vantagem competitiva a preços baixos. Ela mantém dois ou três níveis hierárquicos, mas conserva departamentos e gerentes, além de não adotar os três principais *core processes* discutidos anteriormente.

É possível a uma empresa que utilize as estratégias superiores de intimidade com o cliente e liderança do melhor produto manter uma estrutura de dois ou três níveis hierárquicos, mas ela terá que repassar esse custo para o cliente. Assim, tal estrutura não tem sentido, na medida em que a empresa pode optar pela gerência horizontal, combinada com as estratégias intimidade com o cliente e liderança do melhor produto, que são basicamente agregadoras de valor aos clientes/consumidores.

Figura 7.1
Exemplos hipotéticos de *downsizing* na área de marketing.

Organograma antes do *downsizing em uma empresa hierarquizada*

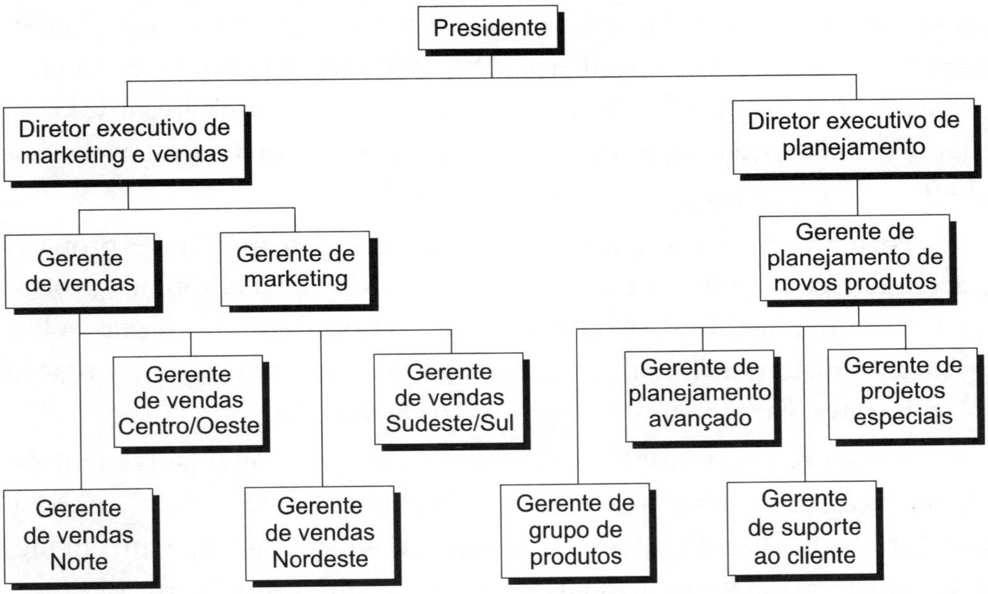

Organograma depois do *downsizing* em uma empresa hierarquizada

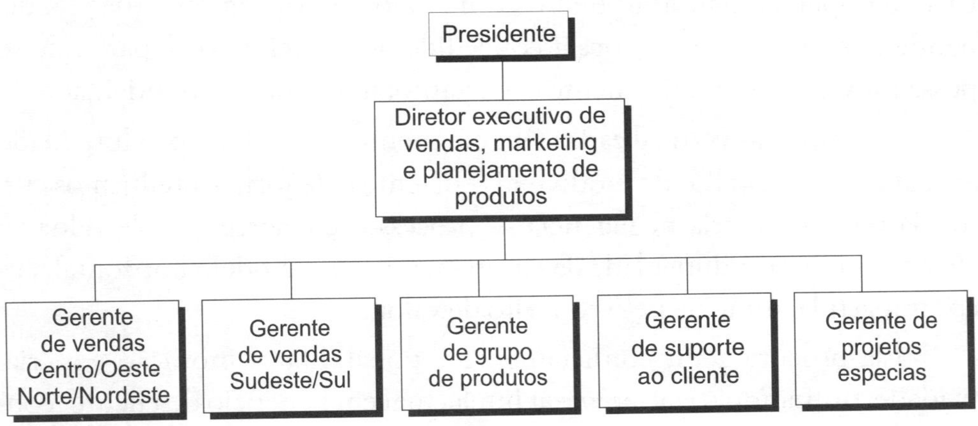

7.5 *Empowerment* (*employee* + *power*) – delegando decisões

Uma vez utilizada a técnica do *downsizing*, nosso modelo de empresa terá poucos níveis hierárquicos, segundo o conceito de organização "quase horizontalizada". Como o número de funcionários depende inteiramente do relacionamento com o cliente, para sempre oferecer e agregar valor às suas necessidades, a tomada de decisões na empresa não pode estar sujeita a chefias, mesmo porque elas estão bastante reduzidas.

Portanto, a empresa exige funcionários que tomem decisões próprias e acertadas, com espírito e motivação de líderes, e que melhorem o processo de trabalho, discutindo e opinando, em conjunto com os colegas, sobre como administrar melhor as tarefas, sem precisar de consultas e autorização de superiores, para dinamizar o serviço ao cliente.(16)

As empresas que implementarem as mudanças sugeridas contemplarão a concessão de autoridade e responsabilidade aos funcionários e às equipes de trabalho internas quando comparadas àquelas que operam em modelos organizacionais tradicionais (estrutura organizacional vertical).

Delegação de poderes ou *empowerment* não significa que o funcionário terá autoridade ilimitada, seja em uma organização vertical seja em uma horizontal. Para isso, é importante que o funcionário perceba como a delegação de poderes funciona na cultura que objetiva a agregação de valor, pois grande parte da operacionalização de nosso modelo, dentro da organização, depende também do *empowerment* concedido aos funcionários, para que se possa inovar e agir criativamente e, portanto, melhorar a produtividade.

As empresas verticalizadas têm em mente aumentar a produtividade executando o trabalho de modo mais eficiente e de forma a reduzir os custos. Porém, a maioria negligencia os processos e a agregação de valor ao cliente. A nova produtividade da empresa, no nosso modelo horizontal, em contrapartida, é guiada pelo conceito de valor.

Ela procura gerar conhecimento e possibilitar a inovação e a criatividade, utilizando o *empowerment* intelectual em benefício do cliente/consumidor. Elimina, portanto, o desperdício do trabalho improdutivo que não agrega valor aos clientes pela utilização da informação computadorizada e dos sistemas de informática.

A reformulação dos sistemas e processos (reengenharia/organização horizontal), por sua vez, contribui para a nova cultura da produtividade, em que as lideranças superiores devem simplesmente definir o rumo dos negócios, fornecer treinamento adequado aos funcionários, liberando as pessoas para que elas possam criar valor para os clientes, independentemente do tipo de organização, hierárquica ou horizontal.

Funcionários aos quais são delegados poderes com freqüência tomam a iniciativa de solucionar problemas do cliente, lutam decididamente para atingir os objetivos do cliente e se responsabilizam pelos resultados. Certamente, produzirão melhorias contínuas na qualidade de seus serviços, tanto interna quanto externamente, porque se sentem desafiados e satisfeitos no emprego, o que ajuda ainda mais a alcançar a meta de gerar valor diretamente aos clientes.(16)

7.5.1 Empowerment versus *concessão de direito*

A delegação de poderes de decisão não pode ser confundida pelos funcionários com concessão de direitos.(17) As pessoas são incentivadas a tomar decisões sozinhas, muitas delas relevantes, mas isso não lhes dá o direito de exigir vantagens.

Em nome da filosofia cultural do *empowerment*, o funcionário pode querer pedir a seus líderes ou superiores salários mais altos, mais verbas, mais pessoas para dar suporte, mais reconhecimento e privilégios e mais informações para decidir com menores riscos. Como se percebe, essas exigências não se encaixam na organização que agrega valor, e o profissional com esse perfil, por seu turno, não se enquadra na filosofia de nosso modelo ou nas três estratégias superiores de valor.

7.5.2 Sugestões de um *empowerment* bem-sucedido

Apresentamos seis sugestões que a empresa pode adotar para obter um *empowerment* bem-sucedido:(18 e 19)

- ✓ Utilizar o *empowerment* como incentivo a todos os membros da organização para que eles usem suas capacidades de inovação, energia criativa, intuição, inteligência, conhecimento e poder intelectual de gestão. Embora funcionários mais qualificados custem mais para a empresa, eles têm a visão do menor erro, do menor desperdício e da inovação.

- ✓ Evitar situações organizacionais que levem o funcionário a se sentir impotente, como os manuais informatizados com excesso de regulamentos restritivos.
- ✓ Desenvolver uma cultura que faça o funcionário se sentir proprietário ou acionista e ver o cliente/consumidor como seu patrão.
- ✓ Estabelecer uma comunicação aberta e fluente entre os membros da equipe e da organização. Os empregados devem ter livre acesso às informações necessárias ao trabalho nos processos organizacionais, na tomada de decisões e nas soluções dos problemas dos clientes. Sem isso, não haverá *empowerment*. A organização deve ter informações abrangentes e compartilhá-las, passando-as adiante por meio de um único sistema informatizado, capaz de fazê-las fluir continuamente em todo o processo organizacional.
- ✓ Buscar continuamente maneiras de melhorar o desempenho e o *empowerment* da equipe de trabalho. Questionar sempre os métodos e procedimentos que vão se tornando obsoletos e ineficazes à medida que a empresa evolui, bem como as exigências futuras dos clientes/consumidores.
- ✓ Selecionar funcionários qualificados técnica e administrativamente, utilizando o aprendizado contínuo, por meio de treinamentos constantes. Incentivar a tomada de decisão e o desenvolvimento de talentos inovadores nas soluções dos problemas dos processos organizacionais e na satisfação do cliente.

7.6 Reestruturação dos processos organizacionais(20)

A base das estruturas organizacional e gerencial das empresas contemporâneas, no mundo todo, data de 200 anos atrás. Nesses dois séculos, as empresas foram crescendo e se desenvolvendo com base nos princípios de Adam Smith, segundo o qual o trabalho industrial deve ser dividido de maneira simples, ou seja, em tarefas.

Em *The wealth of nation* (A riqueza das nações), publicado originalmente em 1776, Adam Smith reconhece que a tecnologia da Revolução Industrial criou incalculáveis oportunidades para que as indústrias da época aumentassem a produtividade, dinamizando e reduzindo o custo de fabricação, por meio do princípio da divisão do trabalho.

A vantagem desse princípio deve-se a três fatores:

1. Aumento da destreza de cada trabalhador industrial.
2. Economia de tempo.
3. Invenção da máquina, que permite a um só homem fazer o trabalho de muitos, com melhor padronização de qualidade.

Hoje, podemos traduzir essa idéia central em divisão ou especialização da mão-de-obra e fragmentação do trabalho. Na época, a idéia de Smith provocou uma revolução na maneira de pensar o trabalho e de como ele deveria ser feito. Foi a reengenharia do seu século.

Faz parte do nosso conhecimento, nos dias de hoje, que, quanto maior a organização, maior a especialização dos funcionários, e mais fragmentado o trabalho. Bons exemplos são as grandes multinacionais.

Em 1820, com a expansão das ferrovias nos Estados Unidos e o controle do tráfego, para evitar colisões e desastres, as *railroad companies* iniciaram a formalização dos procedimentos operacionais em suas estruturas organizacionais, aumentando essas estruturas e os mecanismos de linhas hierárquicas de autoridade, criando indiretamente a burocracia moderna. Com o aparecimento do automóvel, no início do século XX, Henry Ford aperfeiçoou o conceito de Smith ao introduzir a linha de montagem móvel, ou seja, levar o trabalho até o trabalhador. Foi outra revolução nas empresas da época.

Alfred Sloam, ao assumir a General Motors, complementou as idéias de Ford e criou as divisões de controle, coordenação, supervisão e gerências para poder administrar um *mix* de carros (Pontiac, Buick, Chevrolet,

Oldsmobile) que causava constantes paralisações nas linhas de montagem. Na visão de Sloam, os executivos não precisavam dominar conhecimentos de engenharia ou da área fabril, mas sim a prática financeira, para examinar os números de vendas, lucros, perdas, estoques e outros controles gerados por departamentos e divisões. Sloam estabeleceu a divisão administrativa (custos indiretos) paralelamente ao custo do chão-de-fábrica e da fabricação.

O grande salto evolutivo final das organizações dos nossos dias teve lugar após a Segunda Guerra Mundial. Os cargos administrativos nas empresas foram ocupados por militares vitoriosos, que tinham preparo intelectual, disciplina e gozavam de grande credibilidade na sociedade americana. Havia carência de líderes não militares e de profissionais de administração no mercado.

Os estilos administrativos baseavam-se em projetos de planejamento determinados por atividades e capital alocado. O retorno do capital ficava sob a responsabilidade dos gerentes operacionais encarregados de comandar as atividades. Um grande número de auditores e fiscais agia como olhos e ouvidos dos executivos (coronéis), intervindo para ajustes de resultados. Desse modo, a estrutura organizacional em forma de pirâmide, expandida pelos militares e tão comum nas forças armadas, era transferida para a maioria das empresas e se adequava bem a um ambiente de rápido crescimento e expansão do mercado, até o final da década de 1980. O planejamento e os orçamentos anuais eram facilmente aprovados e monitorados, de departamento em departamento ou em divisões.

Conforme Michael Hammer e James Champy,(21) para a IBM aprovar e concluir um crédito para o cliente, ela necessitava de sete etapas no seu processo organizacional. O processo total para aprovação de crédito consumia seis dias, em média, chegando muitas vezes a duas semanas, e grande parte dessa burocracia seguia técnicas militares. Sob o prisma do cliente e do vendedor, era um tempo longo e incompreensível. O que a IBM necessitava, urgentemente, era de uma redução no ciclo de tempo e de uma dramática e radical mudança de seu processo organizacional na liberação de crédito. Examinando o ciclo do processo, chegou-se à conclusão de que a aprovação de crédito poderia ser realizada em quatro horas e que não havia necessidade de tanto pessoal. Ou seja, essa análise produziu um ganho considerável de produtividade e agilidade nas decisões para o cliente e nas vendas da empresa.

Um outro exemplo descrito por M. Hammer e James Champy refere-se ao processo de logística do pedido e de contas a pagar na Ford. A situação analisada levou essa empresa a reinventar o fluxo de seus processos organizacionais. Em vez de 500 pessoas, desde a logística do recebimento de peças e contas a pagar até a linha de montagem de seus produtos, o processo passou a alocar 125 pessoas. O padrão *benchmark* foi a montadora Mazda, que continha no mesmo processo cinco pessoas encarregadas (utilização de tempo, espaço, não-matéria). Nessa reinvenção, o próprio sistema de computação começou a emitir a ordem de compra e a fazer novamente a verificação do recebimento das peças, autorizando a sinalização do pagamento no sistema *just-in-time*, no ato da montagem, e não mais no momento da chegada da peça ao estoque.

Hammer também conta como foi a modificação do fluxo do processo de desenvolvimento de câmaras fotográficas na Kodak. Essa empresa levava 70 semanas para desenvolver seu produto, em um fluxo de processo seqüencial, ou seja, cada peça só poderia ser desenvolvida com a conclusão e a montagem da antecedente. Muitas peças também eram desenvolvidas em paralelo por grupos de engenheiros em subsistemas. Ocorria uma série de dificuldades na hora da montagem, pois o primeiro grupo fazia pequenas modificações no *design* sem comunicá-las aos outros grupos. Com a tecnologia de computadores, *softwares* sofisticados e a modificação dos processos, a Kodak reverteu seu programa de desenvolvimento de 70 para 38 semanas (recurso tempo).

O que queremos mostrar com esses exemplos, e não só com os de Hammer e Champy, mas também com exemplos de outros autores, como H. James Harrington,(22) é que a análise dos processos administrativos e organizacionais é fundamental para a eficiência da empresa e para responder à competitividade.

Para que os processos organizacionais tenham sucesso, a empresa deve observar os seguintes requisitos em seu desempenho:

- ✓ Os processos deverão ser orientados para estarem sempre *on-line* (redução de espaço) com o serviço ao cliente. Qualquer processo que fuja a esse princípio deve ser seriamente combatido e descartado.
- ✓ Os sistemas de processamento de dados e de tecnologia da informação devem ser desenvolvidos para reduzir o ciclo de tempo dos processos administrativos (*time compression*) e do custo dos processos e das tomadas de decisão, além de tornarem ágeis as respostas às solicitações dos clientes.
- ✓ Um único sistema *on-line* horizontal (redução de espaço) deve ser elaborado, fluindo para todos os processos da organização, para que, além de todas as vantagens já citadas, a credibilidade das informações fornecidas pela empresa mantenha-se ou aumente, pois, dessa forma, serão evitadas contradições numéricas, tão comuns em muitas empresas departamentalizadas, na apresentação de dados e informações e nas tomadas de decisão. Todos devem ter acesso à mesma informação, eliminando-se o poder da chefia.

Essas premissas podem ser concluídas e traduzidas por meio da definição de Nick Obolensky.

> A reestruturação dos processos organizacionais empreendida por uma empresa é de valor para a organização quando modifica os controles internos da tradicional administração vertical e hierárquica para a administração horizontal plana. A nova organização tem como base equipes, cujo foco do processo é servir ao cliente.(23, p. 16)

Da mesma forma que as *railroads* introduziram a burocracia no século XIX; o automóvel, por intermédio de Henry Ford e Alfred Sloam, introduziu, no século XX, a divisão do trabalho, de tarefas, de funções, bem como especialidades empresariais. A máquina chamada computador, no século XXI, por sua vez, continuará a gerar oportunidades indubitáveis, possibilitando a administração eficiente, ágil e por processos planos, horizontalizados.

Talvez, se Hammer tivesse sido menos eufórico, evitando conceitos muito radicais em suas conclusões, não teria provocado o impacto temeroso na administração superior das empresas sobre a reengenharia e não teria causado tanto espanto à atual geração de diretores e gerentes ao serem questionados sobre suas idéias. Se seu posicionamento final tivesse sido a administração processual, seus conceitos não teriam sido tão preocupantes para as empresas.

Michael Hammer terá seu maior reconhecimento quando as próximas gerações de administradores paulatinamente absorverem a administração processual. Com o avanço cada vez maior da telefonia móvel, das interligações dos sistemas demográficos informatizados (*info-highways*), da comunicação via satélite e da globalização, fatalmente a administração vertical perderá espaço para a administração processual ou horizontal em curto espaço de tempo, da mesma forma que o automóvel obrigou a construção de estradas e determinou a expansão demográfica das comunidades.

questão para refletir

1. Se sua empresa emprega a metodologia descrita no planejamento estratégico, já desenvolveu programas de serviços com qualidade, dá aos seus empregados de frente liberdade para a tomada de decisão, você já caminhou bastante nessas etapas do nosso modelo. Caso contrário, reflita sobre o quanto falta para sua empresa iniciar o processo.

8

A empresa do futuro
organização horizontal e como deve ser sua estrutura na era da informatização

No quadro de decisões descrito no Capítulo 2 (clima de certeza, incerteza e turbulência), os negócios eram mais previsíveis e estáveis. Entretanto, no clima de mudanças e de quebra de paradigmas constantes, as empresas deverão se organizar não mais sob a forma das estruturas verticais em que os funcionários especialistas são os mais beneficiados e cada um tem seu lugar definido no organograma e no desempenho de tarefas.

Conhecer bem as habilidades de seus funcionários, exceder os limites da rotina, quebrar padrões, ou seja, inovar, explorar o capital intelectual, ter visão de todo o trabalho em equipe e comprometer-se com a estrutura dos fluxos dos processos são qualidades requeridas dos funcionários e das empresas que perseguem a competitividade.

O clima de "quebra de paradigmas" ou "despadronização" é ocasionado pelos recursos tempo, espaço e não-matéria, que originam as quatro forças de mudanças que impulsionam a competitividade das empresas: 1) globalização das economias; 2) tecnologia da informação e informática; 3) interligação de empresas e departamentos por redes de computadores; e 4) o desmoronamento da pirâmide hierárquica.

Organizar e gerir a empresa, por meio dos processos horizontais apresentados ao longo deste livro, é a base para agregar constantemente valor e, assim, desenvolver as estratégias superiores da organização: excelência operacional, liderança do melhor produto ou intimidade com o cliente. Só então será possível planejar o marketing de vantagem competitiva com base em uma das estratégias superiores que a empresa adotar.

A organização administrada por processo ou horizontal é composta basicamente por três processos essenciais (*core processes*), como descrito no Capítulo 7:

1. Desenvolvimento e administração do produto.
2. Logística do pedido.
3. Suporte e atendimento ao cliente.

Isso não significa que cada empresa deva ter unicamente esses três processos essenciais. Poderá ter muito mais. (Veja a Figura 6.9, Capítulo 6.) Porém, os três processos citados são básicos para uma organização ou divisão começar a ser administrada horizontalmente.

O processo de administração e desenvolvimento do produto é caracterizado pelo trabalho em equipe, no qual um líder natural está integrado aos liderados. Nesse processo, desenvolve-se o trabalho nas etapas de geração da idéia de um produto ou serviço, filtragem da idéia, testes de conceitos, análise de mercado, análises financeira e econômica, projeto de engenharia do produto integrado à fabricação, suprimentos das matérias-primas, tecnologia de fabricação dos protótipos, testes de mercado do produto integrados ao processo de suporte aos clientes ou potenciais clientes em âmbito local ou global. Além disso, nesse processo, os fornecedores estarão *on-line* com a empresa.

O processo logística do pedido é desenvolvido e desenhado para atender com qualidade aos pedidos *on-line* dos clientes, ou seja, o serviço interno ao cliente, contas a pagar e receber, preço de venda, planejamento e controle da produção, linha de fabricação, estoque de matéria-prima e de produtos acabados, separação dos pedidos e transporte integrado à equipe do processo de suporte ao cliente, atendimento às especificações e soluções requeridas pelo cliente, no tempo certo, no momento, solicitado em tempo real (*on demand*).[1]

1 A IBM, desde 2004, veicula uma campanha mundial na televisão por meio da Ogilvay, mostrando as vantagens *on demand* e alertando para o fato de que os negócios deveriam ser feitos dessa forma. A empresa colocou os seus consultores à disposição de quem tivesse dúvidas.

Nesse processo *on demand*, o cliente acessa o estoque de produtos acabados do fornecedor, o PCP, emite o pedido *on-line*, de acordo com o estoque disponível do fornecedor, e o conclui para sua separação e entrega. Note que o fornecedor precisa ter uma produção e um estoque muito bem balanceados no seu *mix* de fabricação. O crédito é liberado de acordo com o histórico do cliente e sua pontualidade de pagamento. Praticamente, quem emite o pedido são os clientes e a tecnologia dos sistemas de informática, concomitantemente com o nível de eficiência da empresa e a integração de seus processos organizacionais com fornecedores.

A estrutura tecnológica de uma nação será medida, no futuro próximo, pela criação simultânea de *infoways*, quer via fibra óticas quer por sistemas *wireless*, fundamental para que as empresas possam ser exportadoras, globalizadas e competitivas na era digital (recursos de tempo e espaço) e praticar o marketing de vantagem competitiva em nível global.

Você pode avaliar ainda o quanto estamos distantes nesse tipo de integração de vias tecnológicas e como seremos penalizados pela visão tardia de investimento nesse campo? Muito mais em relação a velocidade e agilidade de tempo. A abertura de mercado via redução de taxas alfandegárias de *notebook* e similares eletrônicos contribuiria bastante.

O processo suporte e atendimento ao cliente, por sua vez, está ligado às informações solicitadas pelos clientes também nas visitas dos *trades marketing* ou administradores de categoria aos pontos-de-venda. Os *trades marketing* são consultados sobre negociação de preços, qualidades dos produtos de linha ou solicitações de elaboração de novos produtos e serviços, reposição dos produtos nos pontos-de-venda, bem como para aconselhamentos promocionais e comunicação adequada do produto aos clientes. Esse processo está integrado com os outros dois processos essenciais mencionados e os alimenta, também, na detecção de oportunidades e tendências nos mercados, assim como nas influências das variáveis ambientais pertinentes a seu setor econômico, analisando a competitividade dos produtos, pesquisando o mercado, as ações táticas e as novidades das empresas concorrentes.

A administração superior (especialistas multidisciplinares da organização) é composta pelo diretor de planejamento e estratégia, que coordena os objetivos, os planos e a visão de futuro da organização com relação a tendências de mercado, tecnologia de mercado e mudanças futuras das necessidades dos clientes, lançamentos de novos produtos/serviços, inovação de produtos/serviços.

O diretor de serviços de informação coordena e revisa continuamente as informações *on-line* dos custos dos sistemas internos e externos, de processos, dados financeiros e resultados mensais e anuais de venda. O diretor operacional financeiro, chefe de operações, alimenta, em base diária, a qualidade dos serviços operacionais dos processos essenciais e o treinamento de pessoas, juntamente com os membros das equipes, viabilizando a operacionalização da organização processual e o fluxo de capital de giro, os investimentos financeiros, a liquidez da empresa. O presidente responde pelo resultado global e pelo futuro da empresa perante o *board* e os acionistas, conforme apresentado no Capítulo 6.

É interessante notar, mais uma vez, que na organização horizontal, todos executam o marketing. O marketing flutua em todos os *core processes*, ou seja, na empresa como um todo. O mesmo acontece com recursos humanos, finanças, sistemas de informação e custos. Todos os *core processes* são auto-gerenciáveis por equipes de visão de trabalho em forma de processo. Serviços de RH, treinamento, formação do capital intelectual podem ser terceirizados e acionados quando solicitados.

De acordo com nosso modelo, acreditamos que, num futuro próximo, o perfil dos profissionais solicitados pelas empresas, no mercado de trabalho, não mais será analisado pelo currículo ou pela experiência no ramo de atividade. Mas possivelmente pela experiência do profissional no tipo de estratégia competitiva central que trabalhou e no tipo de marketing de vantagem competitiva que cada empresa emprega na busca contínua de agregar valor. Assim, um funcionário da Wal-Mart ou do McDonald's pode buscar emprego na GOL, empresa que também opera segundo a estratégia de excelência operacional a baixo custo.(1)

Um funcionário da 3M pode, igualmente, ser chamado para trabalhar em uma indústria de autopeças/eletrodomésticos, como a Bosch, que busca a estratégia de valor de liderança do melhor produto. E uma empresa de construção civil, que ofereça um *layout* particular para cada apartamento vendido, de acordo com o comprador, pode contratar um funcionário de uma indústria que atue na estratégia de valor de intimidade com o cliente. Sem grandes investimentos em novos treinamentos, esses funcionários se sentirão confortáveis nos novos empregos, embora estejam em ramos de atividade diferentes. Autopeças, resinas, adesivos e varejo, aviação, as estratégias centrais e o marketing de vantagem competitiva são semelhantes, por isso os profissionais não terão dificuldades para o desempenho do seu trabalho em uma organização horizontal com o marketing de vantagem competitiva bem definido pelas estratégias centrais.(2)

8.1 Organização horizontal *versus* organização vertical: análise dos recursos humanos

8.1.1 Conceitos (3, 4, 5, 6 e 7)

- ✓ Na organização horizontal, as pessoas reportam-se aos clientes da empresa. Na vertical, ao chefe.
- ✓ Na organização horizontal, as pessoas estão comprometidas com objetivos e metas de toda a empresa com relação a seus clientes. Na vertical, as pessoas estão envolvidas com feudos gerências, departamentos ou funções estabelecidos pelo chefe, os quais, na maioria das vezes, existem mais para servir às suas conveniências e aumentar a burocracia.
- ✓ Na organização vertical, cria-se lealdade ao chefe, retardando o processo de decisão para o cliente. Gasta-se uma quantidade enorme de energia para mover a máquina interna do relacionamento administrativo entre departamentos. Existe sempre a revitalização do processo burocrático–hierárquico, por mais que se reduzam os níveis da pirâmide.
- ✓ Na organização horizontal, os fluxos informativos e dos sistemas informatizados passam a viver da informação cliente – funcionário, e não mais de funcionário–chefe.

Figura 8.1
Mostra a organização da administração processual ou horizontal.

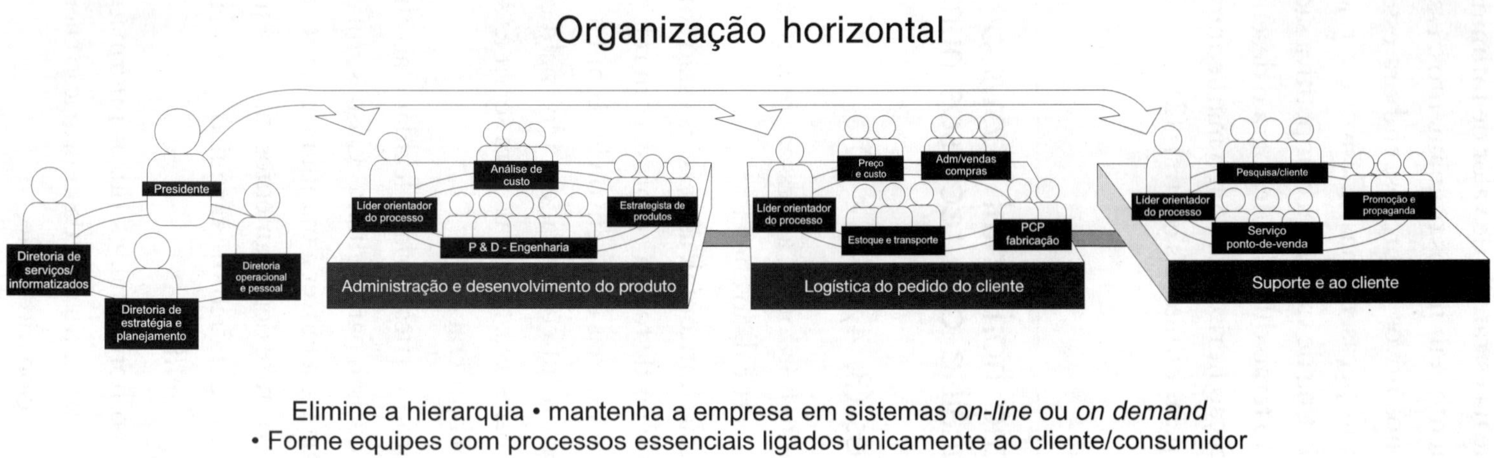

- ✓ Na organização horizontal, as mudanças são radicais. Propõe-se velocidade de decisão e eficiência. Não há lugar para o *status* do chefe e de sua corte nem para pensamentos mesquinhos.
- ✓ Na organização horizontal, o chefe não avalia o funcionário nem seu salário. Quem avalia o funcionário indiretamente é o cliente, conforme o desempenho do serviço de atendimento e os resultados mútuos alcançados.

8.2 Elementos básicos para criar uma organização horizontal(6)

- ✓ Identificação dos objetivos estratégicos administrativos, organizados sob a forma de processo, e não por função. O número de processos organizacionais (cada divisão ou unidade da empresa) deve girar em torno de três processos básicos, denominados *core processes*, com objetivos específicos de desempenho, voltados para o cliente, conforme vimos anteriormente.
- ✓ Inter-relação das ações do processo para, dessa forma, produzir um produto ou serviço direcionado unicamente ao cliente. Eliminação de todo trabalho que não estiver relacionado ao cliente, ou seja, que não lhe agregar valor.
- ✓ Redução ao máximo do tempo e do ciclo das atividades do processo, sem prejuízo dos objetivos e resultados para o cliente. O tempo é fundamental.
- ✓ Designação de um líder, eleito pela equipe, para ser o dono do processo básico ou *core process*. Pode-se criar no mesmo *core process* sublíderes.
- ✓ Criação e desenvolvimento de equipes multidisciplinares para conduzir cada *core process*. Elas serão as células básicas da administração e do desempenho do *core process*. São equipes autogerenciáveis e com poder de decisão (*empowerment*).

- ✓ Preservação das pessoas especialistas multidisciplinares (diretores e líderes) na empresa. Elas são os cérebros, os elementos-chave do futuro e do destino da empresa.
- ✓ Estabelecimento de uma proposta comum e de compromisso a todos os integrantes da equipe de cada *core process*. Todos estarão avaliando o próprio desempenho e seus respectivos objetivos e metas.
- ✓ Avaliação do desempenho das equipes de cada *core process* realizada pelos clientes. A avaliação é feita segundo o grau de satisfação do cliente e o reflexo na lucratividade. A remuneração do retorno do capital investido pelo acionista virá automaticamente, se o cliente estiver satisfeito com a empresa.
- ✓ Remuneração com base no fixo e no desempenho da equipe e em suas múltiplas habilidades, e não sob o ponto de vista individual. Deve-se oferecer às equipes um bom pacote de metas ou ações da empresa como recompensa. Desse modo, todos terão interesse nas metas ou em valorizar o preço das ações da empresa, a performance dela no mercado e o lucro por ação.
- ✓ Maximização do contato com clientes e fornecedores da cadeia de valor. Todos os funcionários precisam ser estimulados a estabelecer contato direto e regular com os fornecedores e clientes pertencentes à cadeia de valor da empresa.
- ✓ Integração dos fornecedores e clientes no *core process*, sempre que possível, para a troca contínua de tecnologia na cadeia de valor.
- ✓ Fornecimento de informação e treinamento a todos os funcionários, a fim de que estejam aptos a tomar decisões e a efetuar suas próprias análises de dados e informações, sem reservas às equipes. Para as informações confidenciais nos portais, deve-se usar código de acesso.
- ✓ Gratificações conforme metas e objetivos predeterminados a serem alcançados.

questões para refletir

1. Na organização horizontal, talvez você não veja mais seu cargo, nem os de gerente de marketing, os de controler, pessoal de seleção, RH, diretor de divisão e muitos outros. Por quê? Para onde irão essas pessoas?
2. Você estará preparado, nos próximos cinco anos, para fazer parte de uma organização desse tipo?
3. Essa organização é um modismo criado por um brasileiro, executivo e professor, em suas pesquisas ou uma conseqüência da era digital e dos recursos tempo, espaço, não-matéria? É uma organização de um visionário? Veja que os bancos, bem como a TAM, já operam em um sistema semelhante: Os bancos têm **administradores de produto** (os vários produtos bancários), **logística do pedido** (seu saldo bancário, investimentos, transferências, cheques dia e noite nas máquinas eletrônicas e *site*), **suporte ao cliente** (agências com atendentes que recebem as pessoas que vão às agências bancárias negociar produtos e empréstimos e pagamentos).
4. Em seminário recente em Montevidéu, Uruguai, em convênio com o Banco Interamericano de Desenvolvimento (BID), um participante fez as seguintes perguntas: Como horizontalizar seis óticas? Como definir os três *core process* das óticas? Faça esse exercício você, leitor.
5. Como ficaria a horizontalização de empresas do porte da Nestlé, J&J, Unilever, Celpav, Correios, entre outras?

9

Alianças estratégicas de valor para o marketing de vantagem competitiva (*breakthrough technology*)

Tem sido preocupação constante de muitas empresas multinacionais e globalizadas o jogo de alianças estratégicas que vem ocorrendo entre empresas competidoras no mesmo mercado. O objetivo é reunir forças e esforços para neutralizar ou reduzir *gaps* competitivos e organizacionais entre as empresas líderes de mercado e as não líderes ou sobreviventes.(1) O setor farmacêutico é um belo exemplo.

Na velocidade com que a tecnologia mundial caminha, cujas mudanças são vistas e percebidas pelos clientes/consumidores, as empresas não líderes ou sobreviventes estarão sempre em desvantagem. É uma luta incansável na busca da redução da distância entre as líderes.

O que se vê é um *gap* competitivo cada vez maior das empresas sobreviventes, em relação às líderes, e grandes chances de elas desaparecerem do mercado. E mais: as estratégias traçadas por essas empresas serão facilmente percebidas pelas líderes, que estarão a muitos anos-luz das lideradas. As líderes poderão, com tranqüilidade, prever o tempo que as retardatárias terão de percorrer para se nivelar e dominar as técnicas de vantagem e tecnologia já alcançadas por elas.[1]

1 Reflita, leitor, sobre as nossas empresas brasileiras.

A corrida pela disputa de fatias dos mercados globais dos blocos – União Européia (UE), Área de Livre Comércio da América do Norte (Nafta), Mercado Comum do Cone Sul (Mercosul) e os Blocos Econômicos Asiáticos – também incentiva, em grande parte, uma corrida de possíveis alianças para a obtenção de *breakthrough tecnologies*, ou seja, facilidades de entrada nesses blocos mercadológicos, com o objetivo de desenvolver melhores formas de vantagem competitiva perante as rivais.

Desse modo, compreender e amalgamar uma aliança estratégica de vantagem competitiva são possíveis pré-requisitos para sair do atraso, e se nivelar com as rivais ou para ultrapassar as líderes e entrar em mercados globalizados com mais facilidades e com alguma vantagem competitiva.[2]

A aliança estratégica pode ser vista como a forma futura de duas empresas se complementarem, sobrepondo às estruturas organizacionais para enfrentar, operar, sobreviver e competir com maior vantagem no mercado global.[3] Embora as alianças estratégicas de vantagem competitiva sejam mais complexas, em geral, elas possibilitam à empresa adquirir a tecnologia necessária ou equivalente à das líderes, reduzindo, assim, o *gap*.

9.1 *Joint ventures* e fusões

O processo de *joint ventures*, que não deixa de ser uma aliança, teve seu início na década de 1950 e se estende aos nossos dias. *Joint ventures* são cooperações entre empresas que, em sua maioria, não competem no mesmo mercado, mas precisam de melhorias nos estágios

2 Se analisarmos os países como se eles fossem empresas, vemos que o Brasil está estacionado no conceito de sobrevivência. Nossas exportações representam 1% do mercado global. É interessante evidenciar que muitas empresas alemãs transmitem aos consumidores sua preferência pela liderança do melhor produto. Os japoneses transmitem a excelência operacional e os norte-americanos (EUA), uma mistura das três estratégias descritas neste livro.

3 Neste capítulo, o autor orienta sobre os fundamentos necessários para uma aliança estratégica bem-sucedida entre empresas estrangeiras e brasileiras.

organizacionais e tecnológicos ou mesmo de modificações nos elos de sua cadeia de valor.

A grande finalidade desse processo é melhorar a posição da empresa e aumentar a sua participação de mercado.

As fusões, por sua vez, têm um caráter mais financeiro em termos de necessidade de capital de giro, valorização das ações no mercado financeiro, aumento de patrimônio, embora não se descarte a possibilidade de grandes mudanças organizacionais e de reavaliação de *portfólio* dos produtos e de suas tecnologias.

Para atingir tais objetivos, as *joint ventures* mais comuns entre empresas atendiam às seguintes necessidades:

- ✓ Licenças para comercializar e fabricar produtos mais modernos.
- ✓ Tecnologia mais avançada de produção industrial.
- ✓ Estratégia de diversificação e extensão de novas linhas de produtos, muitas vezes carentes de sinergia com a tecnologia e o marketing da empresa.
- ✓ Estratégias de verticalização para frente (vendas e distribuição de produtos) e para trás (suprimento ou fabricação de matéria-prima).
- ✓ Acesso à pesquisa e ao desenvolvimento de produtos. Exploração de novos mercados.
- ✓ Entrada de capital, *status* e imagem de que a empresa que fez a fusão passa a fazer parte de um grupo multinacional ou conglomerado bancário.

As *joint ventures* tiveram grande demanda na década de 1980. São cooperações menos radicais do que as alianças estratégicas, pois suas competências não são expostas. Embora muitas das *joint ventures* oferecessem aos interessados produtos e tecnologias inferiores às disponíveis no país de origem, mesmo assim atendiam às expectativas do mercado brasileiro, em virtude de muitas empresas gozarem de regulamentos e barreiras governamentais protecionistas. Em grande parte, essas colaborações produziam ganhos ao curto prazo para solucionar situações temporárias.

Com a globalização e a redução do ciclo de vida dos produtos nos mercados, todas as organizações têm e terão de competir com as mais recentes e futuras tecnologias. Desse modo, as alianças estratégicas de vantagem competitiva passaram a ter papel relevante entre as empresas, principalmente no mundo globalizado. Na maioria das empresas, a aliança é uma razão para continuar existindo, um motivo de sobrevivência, a soma de esforços para diminuir o *gap* competitivo em relação às rivais ou mesmo uma maneira de prorrogar a agonia da existência para aquelas que não tiveram a habilidade de conseguir uma vantagem duradoura na luta competitiva do mercado.

9.2 Escolhendo o parceiro para a aliança estratégica de vantagem competitiva

Consideramos que o sucesso da aliança estratégica de vantagem competitiva depende da escolha do parceiro e da sinergia entre as empresas. Existem duas qualidades sinérgicas básicas, porém de amplo alcance, que devem ser observadas, procuradas e perseguidas pelas partes, para que ambas obtenham uma vantagem competitiva sustentável no mercado em que atuam.[4] Veja a seguir:

1. Avaliação e adaptação da sinergia do *core competence*, dos *core capabilities*, dos processos organizacionais e das vantagens das cadeias de valor que as empresas compartilharão na busca contínua de entrega de valor e do marketing de vantagem competitiva para o cliente/consumidor.(2) O principal foco no ajuste da busca contínua de agregar valor está na capacidade de ambas as empresas formadoras da aliança somarem os esforços para a obtenção da eficiência nas ações conjuntas da tecnologia da essência competitiva da empresa ou *core competence*.

   Ambas podem somar um *core competence* tão forte a ponto de se tornarem imbatíveis.

4 Opinião pessoal do autor e parte da tese de seu doutorado, como também o modelo descrito neste livro.

Os mercados farmacêutico e de autopeças, entidades financeiras, empresas de informáticas e outras organizações têm feito alianças nessa direção. Porém, não é só o *core competence* ou a essência competitiva que justifica a aliança, mas também a importância de certas complementações dos *core capabilities* e dos *core processes* organizacionais, complementados ainda com a união das cadeias de valor das duas empresas e do marketing de vantagem competitiva de cada uma delas.

Lembre-se de que a cadeia de valor também localiza as zonas de lucro das duas empresas. É daí que elas extraem grande parte da eficiência, do lucro e da busca contínua da oferta de valor. Não adianta uma empresa ter um *core competence* forte sem o suporte de bons *core capabilities* dos processos organizacionais e sem um marketing de vantagem competitiva. (Veja o Capítulo 6.)

Tomemos uma empresa **A**, cujo *core competence* está centrado na miniaturização da **administração e do desenvolvimento de seu produto**. No mercado em que atua, essa empresa é considerada uma das mais ágeis e avançadas na elaboração de produtos inovadores em tecnologia criativa. Tem excelente suporte financeiro para o desenvolvimento de produtos, engenharia e qualidade. Possui computadores com sistemas e programas avançados e outras ações de suporte na confecção do protótipo e do produto final. Porém, a empresa **A** carece ultimamente de um bom *core capability*. Suas ações de suporte e atendimento ao cliente não evoluem de maneira satisfatória há anos.

A empresa **B**, por sua vez, vem atuando no mesmo mercado da empresa **A** e tem como *core capability* o seu *core process* de **suporte e atendimento ao cliente**. (Veja a Figura 8.1, Capítulo 8.) Ela é considerada por muitos no mercado a melhor nesse *core process*. Possui padrão *benchmark* no atendimento e nas soluções para o cliente/varejista/consumidor em suas linhas de produtos. Possui, igualmente, equipe de vendas treinada e qualificada, conhecedora do que vende e dos recursos produtivos da empresa na negociação dos produtos. Tem um marketing agressivo e motivador. Seu processo de comunicação (*mix* promocional) sabe explorar os benefícios dos produtos. Seus outros dois *core processes* (**logística do pedido** e **desenvolvimento**

e administração do produto) estão na média de mercado, mas a empresa necessita do bom *core competence* que a empresa A possui.

Portanto, a aliança estratégica entre as empresas A e B propiciará um desempenho competitivo e vantajoso no mercado em que atuam, por meio da união de um forte *core competence* (**desenvolvimento de ótimos produtos inovadores e criativos**) com um vigoroso *core capabilitiy* (**suporte e atendimento ao cliente**).

O fruto dessa aliança estratégica será uma organização altamente qualificada e poderosa no mercado que ambas exploram. Além do mais, poderão limitar a entrada de futuros concorrentes.(3)

Embora as empresas A e B se complementem no *core competence* e no *core capability* dos processos organizacionais, nada indica que o sucesso esteja garantido. Se, na aliança, a combinação da cultura dos valores estratégicos (tanto da estratégia central, com seu marketing de vantagem competitiva, quanto de recursos entre as partes) não se ajustar em um patamar razoável, é provável que a aliança não alcance o sucesso esperado. Haverá choque de culturas organizacionais.

Uma aliança entre empresas de portes diferentes também poderá acarretar fricções e não dar certo no longo prazo. Embora tal aliança possa propiciar uma vantagem competitiva, é possível que em breve a empresa maior predomine com ações arrogantes perante a menor, gerando um clima desagradável e desconfortável entre os profissionais de ambas as empresas.

Suponhamos um outro exemplo, que pode ocorrer quando uma empresa estiver em fase de organização hierárquica (o *core process* ainda precisa ser estabelecido). Uma possui excelentes produtos, porém sistemas pobres de logística e marketing; a outra é forte em recursos financeiros, mas também é pobre em sistemas de logística e marketing. Nessas circunstâncias, a aliança pode produzir embaraços, mesmo que se recrute um bom time de profissionais de logística e marketing e se reestruture organizacionalmente a empresa. Isso poderá levar tempo. E tempo e agilidade, na conjuntura dos recursos competitivos, são fundamentais também na aliança. Uma boa condição para a continuidade e para o sucesso de uma aliança é que os objetivos das empresas, ao longo prazo, não sejam conflitantes.

2. Ajuste e complementação das culturas organizacionais e das pessoas, assim como integração de ambas as empresas nas estratégias competitivas que ofereçam valor continuamente, conforme foi apresentado nos capítulos anteriores. A segunda parte do sucesso dependerá também do aprendizado cultural que as partes irão desenvolver durante a aliança, incluindo nova visão e missão, novos valores e princípios a serem estabelecidos.

As duas empresas têm culturas diferentes, que deverão ser aprendidas e absorvidas para gerar uma terceira cultura. Alianças de empresas com culturas semelhantes são mais fáceis de serem ajustadas, mas oferecem pouco aprendizado para ambas as partes no mundo da globalização.

O grande desafio da aliança é amalgamar técnicas e tecnologias distintas, e a assimilação de diferenças culturais faz parte da estratégia de valor como potencial de futura vantagem na competição entre as empresas.

Portanto, hoje, não parece tão relevante o fato de as culturas das alianças serem similares, como era no passado. Têm-se observado nas revistas *Business Week* e *Fortune* empresas de diferentes nacionalidades empreendendo alianças: americanas com japonesas, japonesas com coreanas, européias com japonesas, européias com americanas e brasileiras com americanas, coreanas, européias e japonesas.

Empresas que denotam culturas de estratégias competitivas e um marketing de vantagem competitiva diferentes (liderança do melhor produto combinada com excelência operacional) também podem se unir. E muitas organizações que não têm definida uma estratégia competitiva buscam, por meio de aliança, a consolidação definitiva do posicionamento estratégico competitivo, seja ele intimidade com o cliente, liderança do melhor produto ou excelência operacional, que são as três estratégias geradoras de valor para o cliente/ consumidor.

Tivemos a aliança entre Chrysler, Mercedes-Benz e Mitsubishi.(4 e 5) A Chrysler estava necessitando de *core competence* (tecnologia de motores, seu calcanhar-de-aquiles) para enfrentar a competição mundial. A Mercedes, por sua vez, embora tivesse o domínio da tecnologia de motores, precisava de *core capability* (sua presença nos mercados americano e asiático e a distribuição geográfica de seus produtos estavam fracas). A Chrsyler era detentora de um excelente sistema de distribuição nos Estados Unidos, e a Mitsubishi facilitava a entrada da Mercedes no mercado asiático, já que a Chrysler tinha ações da Mitsubishi. Até aqui, perfeito. *Core competence* da Mercedes complementando-se com os *core capabilities* da Chrysler e da Mitsubishi.

O grande desafio residia na cultura. De um lado, a Chrysler, com estratégias superiores de valor de excelência operacional e *core processes* horizontais bem definidos, dominando a técnica de custo do sistema ABC e vendendo produtos de valor a preços baixos. De outro, a Mercedes, com a estratégia superior da liderança do melhor produto, vendendo produtos a preço *premium*. Culturas administrativas bem diferentes, com grandes desafios, porém com possibilidades de aprendizado mútuo das diferenças e de tirar proveito do que poderia ser sinérgico para ambas.[5] Nesse ponto, a aliança estratégica dessas duas empresas poderia sofrer abalos, mas todos perfeitamente superáveis.(6 e 7)

Durante as alianças de vantagem competitiva de sucesso, são vitais a transparência financeira e a tolerância mútua da transferência de conhecimentos, da confiança, da flexibilidade de entendimento da competência de um e das deficiências do outro, e do compromisso de perseguir o sucesso e a disciplina do aprendizado. Tudo isso fluindo nas empresas, em todos os sentidos horizontais (horizontais e hierárquicos, dependendo da fase de reestruturação organizacional), permeando-se desde os conselhos administrativos até o mais simples empregado.

A combinação das dimensões das alianças estratégicas está ilustrada na Figura 9.1. A situação ideal é a do quadrado 2, em que o ajuste da busca de valor do *core competence* com o *core capability* do processo complementa-se com o ajuste das culturas das organizações e com a definição de uma das três possíveis estratégias competitivas superiores de valor, resultando em vantagem competitiva sustentável para ambas as partes.

---

5 Outras alianças estratégicas têm sido realizadas e várias podem estar em andamento. Por exemplo, no campo automotivo, tivemos Ford – Volvo e Renault – Nissan já consolidadas. Em estudos, temos a GM – Fiat e Honda – BMW e VW – BMW.

Figura 9.1
Aliança estratégica de vantagem competitiva: situações de sucesso e de fracasso.

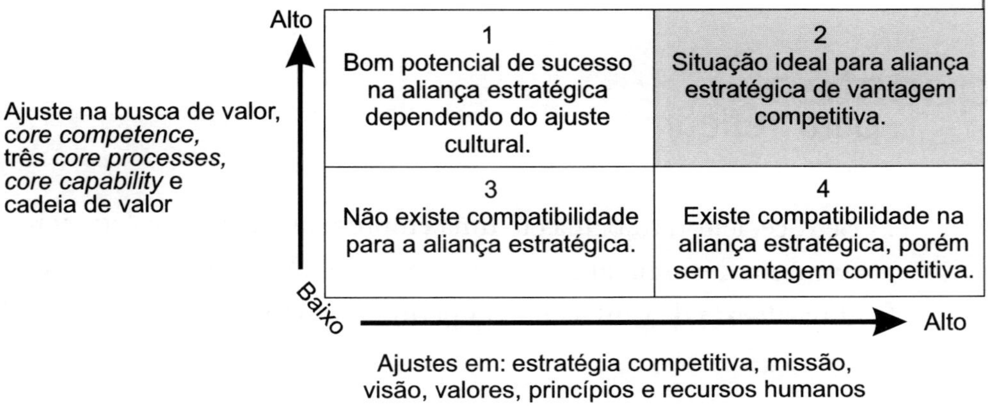

O quadrado 3, por sua vez, não oferece compatibilidade de aliança. Nele, há pouca chance de sucesso. As alianças, no quadrado 4, embora apresentem compatibilidade com o ajuste cultural das estratégias competitivas, propiciarão produtos sem sustentação competitiva no mercado. No quadrado 1, há chances de sucesso para a aliança. Tudo vai depender do ajuste das diferenças culturais e da estratégia competitiva entre as partes. Como as empresas se completam no ajuste da busca de valor, o resultado da aliança possibilitará à empresa vender produtos com sustentação e vantagem competitiva. Porém, o ajuste do nível de cultura pode dificultar o processo. Mercedes e Chrysler se identificam com o quadrado 1 da Figura 9.1; como também Renault e Nissan.

Uma vez consolidada a aliança estratégica entre as partes, a chave do sucesso é a oferta contínua de produtos/serviços de valor superior sustentado pelo marketing de vantagem competitiva aos clientes/consumidores. Uma vantagem imediata, proveniente da aliança, não será duradoura se a visão não for de longo prazo. O futuro da aliança dependerá unicamente da continuidade do aprendizado mútuo, da habilidade e da determinação de ambas as partes em agregar indefinidamente valor/benefício aos seus produtos ou serviços, a fim de satisfazer às necessidades atuais e às expectativas futuras de seus clientes/ consumidores num processo crescente do seu marketing de vantagem competitiva.

questão
para refletir

1. Se você, leitor, trabalha em uma empresa que empreendeu ou irá empreender uma aliança estratégica, analise se esta foi ou será uma aliança de vantagem competitiva ou não.

CONCLUSÃO

Existe uma distância relativamente grande entre o que formulamos e apresentamos neste livro e as dificuldades de aplicação encontradas na realidade atual. Não iremos encontrar céu limpo, e sim chuva e tempestade na implantação e na prática do que foi desenvolvido e aqui descrito. Confrontar um marketing tradicional praticado hoje com um marketing ousado de vantagem competitiva é questionar todos os valores das práticas de anos de um marketing-padrão, desgastado, e que pouco agrega para o cliente/consumidor nos dias atuais.

Contudo, já existe hoje um grande número de empresas iniciando e aplicando variações deste assunto e do marketing de vantagem competitiva, tanto no Brasil como no exterior. Para inovar, não se espera que haja inovação de outros. Essa constatação foi feita por meus alunos de empresas que estão se preparando para a competição global, adotando, de forma ainda cambaleante, a administração processual ou horizontal como modelo de estrutura organizacional em que, continuamente, oferecem valor para o cliente/consumidor.

As afiliadas brasileiras de multinacionais são as mais pressionadas para as mudanças, pois muitas delas são influenciadas por suas matrizes que já avançaram consideravelmente nesse campo nos seus países de origem . Elas já estão estruturadas ou semi-estruturadas para competir globalmente. Para as multinacionais, é uma questão de sobrevivência e de visão de futuro para os acionistas no mundo globalizado e competitivo.

O que falta para as empresas brasileiras são bons profissionais que lhes apresentem um guia estratégico orientativo, de modo que elas se lancem com objetivos definidos rumo à reestruturação competitiva. Isso com um projeto que contemple começo e fim, bem como meios de se caminhar entre esses dois pontos.

A construção das idéias dos assuntos tratados neste livro foi um trabalho exaustivo de leitura, somado à experiência profissional em multinacionais, no cargo de diretor, e à coleta de material que se iniciou num trajeto de vôo entre East Lansing (Michigan) e Nova York, culminando com uma defesa de tese de doutorado (PhD). Foram várias noites de estudo, cursos, consultorias e teste do modelo entre os alunos. Também sentia uma inquietude na busca de mudanças nas empresas em que trabalhei.

Este aprendizado não tem fim. É uma contínua agregação de conhecimento e de inovação.

Por mais que se penetre no mundo do conhecimento, o pouco que se sabe é mínimo diante do que se tem pela frente. Tudo isso, aliado à preocupação de transmitir, às empresas e aos alunos, conhecimentos que os tornem mais competitivos e globalizados no campo profissional em que atuam. Em resumo, a mensagem deste livro é que a globalização se iniciou muito antes de nós, com os fenícios. Porém, os novos recursos do mundo moderno e competitivo, como tempo, espaço e não-matéria, consolidaram o processo de forma muito rápida.

Esses novos recursos geram a globalização selvagem de mercados, globalização da propagação da informação e da informática e a interligação global entre redes de computadores de empresas e departamentos, tendo como consequências a redução do nível hierárquico da estrutura organizacional das empresas e o desemprego, pois as tomadas de decisões poderão ser acessadas por um grande número de pessoas e não estarão mais concentradas nas mãos de uma chefia.

A gerência perde a razão de existir, surgindo em seu lugar lideranças entre pessoas e equipes que trabalham na eficiência dos processos organizacionais ou nas células processuais, uma vez que a estrutura da organização é contemplada por sistemas informatizados *on-line* e *on demand* à disposição de todos os integrantes e participantes da cadeia de valor. Somente os projetos sigilosos estarão sob código.

Esses três novos recursos geram as forças de mudanças globalizadas, que impulsionam as empresas na era digital a serem continuamente competitivas, queiram ou não queiram. Essas forças de mudanças globalizadas estão dispostas na base da pirâmide descrita no nosso modelo. Como as informações fluem de forma global e muito rapidamente para o cliente/consumidor, e cada produto/serviço se mostra mais eficiente e melhor que o outro, o consumidor decidirá por aquelas empresas que oferecem (ou nas quais ele percebe), mais benefícios por preços mais convidativos. Nasce, então, o conceito do marketing de vantagem competitiva, que é a chave da disputa da competição, tanto local quanto global. Em outras palavras, o conceito de valor.

Para a empresa se tornar competitiva, ela deverá ter compromisso, garantia e relacionamento transparente com seus clientes/consumidores ao entregar continuamente valor superior. Agregar valor à produção, aos serviços internos e a outras ações dentro da empresa de nada serve, se esse valor não for transferido para o cliente/consumidor no seu marketing de vantagem competitiva e reconhecido por ele como benefícios superiores na hora da compra e no balanço de seu julgamento, conforme o preço que está sendo pago. É desse conceito que nasce a essência deste modelo para o marketing de vantagem competitiva.

Para que as empresas ofereçam valor, elas terão de se definir por uma das três estratégias centrais superiores do nosso marketing de vantagem competitiva: **excelência operacional**, **liderança do melhor produto** e **intimidade com o cliente**. E escolher o que querem ser. Daí desenvolverão o marketing de vantagem competitiva, que irá revolucionar o marketing tradicional, centrado hoje nas estratégias dos quatro Ps. Não dá para optar por todas ou por duas delas, porque são estratégias de conceitos e filosofias diferentes e de aplicações e métodos de trabalho distintos. Se você, leitor, estiver confuso em relação a como revolucionar o seu marketing, aconselho que reveja os conceitos, porém, lembre-se de que a estratégia de intimidade com o cliente é mais voltada para o marketing de vantagem competitiva de terceirização ou personalização/customerização.

Você pode montar um banco de dados de seus clientes (CRM) em uma empresa de produto de consumo, mas é impraticável ser íntimo de cada cliente. Portanto, a opção será uma das outras duas estratégias. A fidelidade dos clientes/consumidores com a sua marca vai depender do valor, do compromisso, do relacionamento e da transparência que ela oferece hoje. Consolidar marcas com campanhas de mídia já não é mais imperativo.

Uma vez que a cúpula da empresa decide pela estratégia central de maior sinergia à organização atual, ela entra no processo de definir o marketing de vantagem competitiva e de buscar continuamente valor. Essas fontes de valor que alimentam o marketing de vantagem competitiva estão formuladas nas atividades: cadeia de valor (*supply chain*), essência dos processos, identificação do *core competence, do core capability, do expedictionary marketing* e dos *core processes*. Elas estão localizadas no centro superior da pirâmide do nosso modelo.

No centro inferior da pirâmide (página 36), o leitor encontrará as técnicas administrativas que deverão ser usadas para a busca contínua de valor superior do marketing de vantagem competitiva. Algumas são bem conhecidas, mas de vital importância.

Muitas empresas têm usado técnicas de *downsizing*, *empowerment* e programas de qualidade e reestruturação organizacional, mas sem uma visão conclusiva do motivo pelo qual estão fazendo ou simplesmente porque todas estão fazendo. Elas acham que, se não fizerem, ficarão para trás. Essa falta de consolidação do motivo da aplicação das técnicas e da falta de visão do amanhã é provocada muitas vezes pela indefinição de uma estratégia central de vantagem competitiva e de um planejamento estratégico acreditável pela cúpula da empresa.

Falta, possivelmente, uma linha objetiva para oferecer valor no processo competitivo entre as empresas. Há grande diferença entre valores individuais e valor, ou seja, a percepção do julgamento do benefício de compra pelo preço pago. A desculpa de que as empresas brasileiras não são competitivas por causa do governo ou de "Brasília" é inaceitável. Fica restando, no cerne da pirâmide, uma das técnicas de ação vital ao futuro das nossas empresas, o P&D, o *leapfrog* de que tanto necessitamos e de baixa vocação em nosso empresariado. É nas alianças estratégicas que teremos o *mix* de combinação do *core competence* e do *core capability* de empresas do exterior com empresas nacionais.

Por fim, seguir a trilha do que foi discutido assegurará uma melhor definição do modo como sua empresa deve agir, tornando-se, dentro de três a quatro anos, uma empresa em condições de competir no mundo global com um marketing de vantagem competitiva sólido. Procurei informá-lo sobre as tendências do que está acontecendo em muitas das empresas e sobre um novo marketing que está para ser consolidado. Ao mesmo tempo, objetivei torná-lo mais profissional e mais competitivo no seu campo de trabalho. A todos, sou muito grato. Ouse, crie, inove o seu marketing. Já é hora.

REFERÊNCIAS BIBLIOGRÁFICAS

Capítulo 1

1. PORTER, M. E. *The competitive advantage of nations*. New York: Free Press, 1990.
2. HARRINGTON, H. J. *Total improvement management*. New York: McGraw-Hill, 1995.
3. WHAT TO DO ABOUT ASIA. *Business Week*, 26 jan. 1998.
4. SHOWDOWN IN KOREA. *Business Week*, 14 dez. 1998.
5. CROSBY, P. B. *Qualidade é investimento*. 2 ed. Rio de Janeiro: José Olympio, 1986.
6. DEMING, W. E. *Qualidade*: a revolução da administração. Rio de Janeiro: Saraiva, 1990.
7. JURAN, J. M. *Juran planejando para a qualidade*. São Paulo: Pioneira, 1990.
8. BUSINESS WEEK. *The quality imperative*. New York: McGraw-Hill, 1994. Edição especial.
9. SENGE, P. M. *The fifth discipline*: the art and practice of the learning organization. New York: Doubleday Currency, 1990.

10. WHAT THEY ARE TELLING BUSINESS. Management's news gurus. *Business Week*, 3 ago. 1992.

11. HONDA COM. It stay independent? *Business Week*, 5 jul. 1999.

12. SAP. Sages of softwares. *Business Week*, 3 nov. 1997.

13. BUSINESS WEEK. *Annual report on information technology doing business in the Internet Age*. 22 jun. 1998. Edição especial.

14. MACKENNA, R. *Real time*: preparing for the age of the never satisfied customer. Boston: Harvard Business School Press, 1997.

15. INTERNET ANXIETY. *Business Week*. 28 jun. 1999.

16. CHRISTENSEN, C. M. *Seeing what's next*. Boston: Harvard Business School Press, 2004.

Capítulo 2

1. HAMEL, G.; PRAHALAD, C. K. The core competence of the corporation. *Harvard Business Review*, maio/jun. 1990.

2. ———; ———. Corporate imagination and expeditionary marketing, *Harvard Business Review*, n. 69 p. 81-92, jul./ago. 1991.

3. MCKINSEY MIND. *McKinsey and company quarterly*, New York, McGraw-Hill, 2001.

4. PORTER, M. E. *Competitive advantage*: creating and sustaining superior performance. New York: Free Press, 1990.

5. WELCOME TO THE REVOLUTION. *Fortune*, 13 dez. 1993, p. 32-54.

6. HOW THE INTERNET will change the way you do business. *Business Week*, 14 nov. 1994, p. 38-47.

7. RETHINKING WORK. *Business Week*, 17 out. 1994, p. 40-47.

8. THE GLOBAL FREE-FOR-ALL. Business *Week*, 26 set. 1994, p. 42-49.

9. INFORMATION TECHNOLOGY let net worked corporation work for you. *Business Week*, 26 jun. 1995, p. 46-64.

10. STALK JUNIOR, G. Time: the next source of competitive advantage. *Harvard Business Review*, jul./ ago. 1998.

11. ———; HOUT, T. M. *Competing against time*: how time-based competition is reshaping global market. New York: Free Press, 2000.

12. SENGE, P. *The fifth discipline*: the art and practice of the learning organization. New York: Doubleday Currency, 1990.

13. BYRNE, J. A. The horizontal corporation: it's about managing across, not up and down. *Business Week*, 20 dez. 1993.

14. GAZETA MERCANTIL, 6 fev. 1997.

15. CHRISTENSEN, C. M.; RAYNOR, M. E. *The innovator's solution*. Boston: Harvard Business School Press, 2003.

Capítulo 3

1. PORTER, M. E. *Competitive advantage*: creating and sustaining superior performance. New York: Free Press, 1990.

2. COOPER, R.; KAPLAN, R. S. Profit priorities from activity based costing. *Harvard Business Review*, maio/jun. 1991.

3. HAMEL, G.; PRAHALAD, C. K. Corporate imagination and expeditionary marketing. *Harvard Business Review*, n. 69 p. 81-92, jul./ago. 1991.

4. MCKINSEY AND COMPANY QUARTERLY, n.1, 1992.

5. MCCARTHY, E. J.; IRWIN, R. D. Basic marketing, a managerial approach. *Home Wood*, Il 60430, 1998.

6. KOTLER, P. *Marketing management*: analysis, planning implementation and control. New Jersey: Prentice Hall, 1998.

7. ———. *Kotler on marketing*: How to create, win, and dominate markets. New York, Free Press, 1999.

8. TREACY, M.; WIERSEMA, F. A. *The discipline of market leaders*: choose your customers, narrow your focus, dominate your market. Addison: Wesley Publishing Company, 1995.

9. TREACY, M.; WIERSEMA, F. A. Customer intimacy and other value disciplines. *Harvard Business Review*, fev. 1993.

10. DATABASE MARKETING. *Business Week*, set. 1994, p. 34-40.

11. PRAHALAD, C.K.; RAMASWAMY, V. *The future of competition*: co-criating unique and value with customers. Boston: Harvard Business School Press, 2004.

12. HAMEL, G.; PRAHALAD, C.K. *Competing for the future*. Boston: Harvard Business School Press, 1995.

13. STALK JUNIOR, G.; EVANS, P.; SHULMAN, L. E. Competing on capabilities: the new rules on corporate strategy. *Harvard Business Review*, mar./abr. 1992.

14. RASIEL, E. M. *The Mckinsey way*. New York: McGraw Hill, 2002.

15. MAXWELL, J. C. *The irrefutable laws of leadership*. Nashville: Thomas Nelson Publishers, 2002.

Capítulo 4

1. POWER, C.; KONRAD, W.; TREECE, J. B. Value market. *Business Week*, 11 nov. 1991.

2. BARABBA, V. P.; ZALTMAN, G. Hearing the voice of the market: the president and fellows of the Harvard College. *Business Week*, 1991, p. 1-20.

3. MORRIS, M.; MORRIS, G. *Market oriented pricing*: strategies for management. Ohio: Quorum Books, 1990.

4. KOTLER, P. *Marketing management*: analysis, planning, implementation, and control. 9. ed. New Jersey: Prentice Hall, 1997.

5. PARK, C. W.; ZALTMAN, G. *Marketing management*. Hinsdale, IL: Dryden Press, 1989.

6. SABÓIA LOPES FILHO, L. *Elaboração de um modelo de decisão na percepção de compra pelo cliente/consumidor*, 1973. Dissertação (Mestrado em Marketing) – Michigan S. University, East Lansing-Michigan.

7. AU REVOIR CARREFOUR. *América Econômica*, maio 2005, p. 5.

8. MERTON, R. K. *Social theory and social structure*. New York: Free Press, 1963.

9. GARVIN, D. A. *Managing quality*: the strategic and competitive edge. New York: Free Press (Macmillan), 1988.

10. ———. Competing on the eight dimensions of quality. *Harvard Business Review*, nov/dez 1987.

11. PRAHALAD, C. K.; RAMASWAMY, V. *The future of competition*. Boston: Harvard Business School Press, 2004.

Capítulo 5

1. HAMEL, G. Killer strategies that make shareholders rich the top companies thrive. Break the rules. *Fortune*, 23 jun. 1997.

2. TREACY, M.; WIERSEMA, F. A. *The discipline of market leaders: choose your customers, narrow your focus, dominate your market*. Addison: Wesley Publishing Company, 1995.

3. PORTER, M. E. What is strategy. *Harvard Business Review*, nov./dez. 1996.

4. PROCTER & GAMBLE. New marketing, make it simple. *Business Week*, 9 set. 1996. Reportagem especial.

5. SAP: Sages of softwares. *Business Week*, 3 nov. 1997.

6. PORTER, M. E. *Competitive advantage*: creating and sustaining superior performance. New York: Free Press, 1990.

7. HAMEL, G.; PRAHALAD, C. K. The core competence of the corporation. *Harvard Business Review*, maio./jun. 1990.

8. ———; ———. *Competing for the future*. Boston: Harvard Business School Press, 1995.

9. TREACY, M.; WIERSEMA, F. Customer intimacy and other value disciplines. *Harvard Business Review*, fev. 1993.

10. MCGRATH, M. E.; HOOLE, R. W. Manufacturing news economies of scale. *Harvard Business Review*, maio/jun. 1992.

11. CAMP, R. C. *Benchmarking*: the search for industry best practices that lead to superior performance. Milwaukee: Quality Press, 1989.

12. STALK, G.; LACHENAUER, R. *Hardball*. Boston: Harvard Business School Press, 2004.

Capítulo 6

1. SLYWOTZKY, A. J.; MORRISON, D. J.; ANDELMAN, B. *The profit zone*. New York: Rondom House, 1997.

2. STALK JUNIOR, G.; EVANS, P.; SHULMAN, L. E. Competing on capabilities: the new rules on corporate strategy. *Harvard Business Review*, mar./abr. 1992.

3. SPECTOR, R. Lessons from the Nordstrom way. New York: John Wiley Sons Inc., 2002.

4. HAMEL, G.; PRAHALAD, C. K. *Competing for the future*. Boston: Harvard Business School Press, 1995.

5. ———; ———. The core competence of the corporation. *Harvard Business Review*, maio./jun. 1990.

6. HAMMER, M. Reengeneering work: don't automate, obliterate. *Harvard Business Review*, jul./ago. 1990.

7. HAMEL, G.; PRAHALAD, C. K. Corporate imagination and expeditionary marketing. *Harvard Business Review*, n. 69 p. 81-92, jul./ ago. 1991.

8. LAND OF THE GIGANTS. *Business Week*, 11 set. 1995, p. 26-33.

9. BYRNE, J. A. The horizontal corporation: it's about managing across, not up and down. *Business Week*, 20 dez. 1993, p. 76.

10. COOPER, R.; KAPLAN, R. S. Activity basic cost. *Harvard Business Review*, maio./jun., 1991.

11. MAXWELL, J. C. *Leadership*. Nashiville: Thomas Nelson Publishers, 2002.

Capítulo 7

1. HAMEL, G.; PRAHALAD, C. K. *Competing for the future*. Boston: Harvard Business School Press, 1995.

2. CROSBY, P. B. *Qualidade é investimento*. 2 ed. Rio de Janeiro: José Olympio, 1986.

3. DEMING, W. E. *Qualidade*: a revolução da administração. Rio de Janeiro: Saraiva, 1990.

4. GARVIN, D. A. *Managing quality*: the strategic and competitive edge. New York: Free Press (Macmillan), 1988.

5. HARRINGTON, H. J. *O processo de aperfeiçoamento*. São Paulo: McGraw-Hill, 1987.

6. IMAI, M. *Kaizen*: the key to Japan's competitive success. New York: McGraw Hill, 1986.

7. ISHIKAWA, K. *Guide to quality control*. New York: INIPUB, 1985.

8. ———. *What is total quality control?* The japanese way. New Jersey: Prentice-Hall, 1985.

9. JURAN, J. M. *Juran planejando para a qualidade*. São Paulo: Pioneira, 1990.

10. ———. *Juran na liderança pela qualidade*. 2 ed. São Paulo: Pioneira, 1993.

11. KOELLER, J. *Choosing service over self interest*. San Francisco: Berret, 1993.

12. DUBRIN, A. J. Reengineering survival guide. The logic of global business: an interview with ABB'S Percy Barnevik. *Harvard Business Review*, mar./abr. 1991.

13. STALK JUNIOR, G. Time: the next source of competitive advantage. *Harvard Business Review*, jul./ ago. 1998.

14. CAMP, R. Ċ. *Benchmarking*: the search for industry best practices that lead to superior performance. Milwaukee: Quality Press, 1989.

15. TOMASKO, R. M. *Downsizing*: reshaping the corporation for the future. New York: American Management Association, 1990.

16. DUBRIN, A. J. *Reengineering survival guide*. Ohio: Thomson Executive Press, 1996.

17. MANAGEMENT'S NEW GURUS: what they are telling. *Business Week*, 31 ago. 1992, p. 43-50.

18. HAMMER, M. Reengineering work: don't automate, obliterate. *Harvard Business Review*, jul./ago. 1990.

19. ———; CHAMPY, J. *Reengineering the corporation*. New York: Harper Business, 1993.

20. HALL, G.; ROSENTHAL, J.; WADE, J. How to make reengineering really work. *Harvard Business Review*, nov./dez. 1993.

21. HAMMER, M. *The agenda*. New York: Published Crown Business, 2001.

22. HARRINGTON, H. J. *Business process improvement*. New York: McGraw-Hill, 1991.

23. OBOLENSKY, N. *Practical business reengineering*: tools and tecniques for achieving effective change. Londres: Kogan Page, 1994.

Capítulo 8

1. TREACY, M.; WIERSEMA, F. Customer intimacy and other value disciplines. *Harvard Business Review*, fev. 1993.

2. OSTROFF, F. *The horizontal organization*: what the organization of the future actually looks like and how it delivers value to customers. Oxford: Oxford University Press, 2002.

3. BYRNE, J. A. The horizontal corporation: it's about managing across, not up and down. *Business Week*, 20 dez. 1993, p. 76.

4. THE SEARCH for the organization of tomorrow. *Fortune*, 18 maio 1992, p. 67-72.

5. THE VIRTUAL CORPORATION. *Business Week*, 8 fev. 1993, p. 36-41.

6. DENTON, K. D. *Horizontal management*: beyond total customer satisfaction. New York: Lexington Book, 1991.

7. CARR, D. K.; HARD, K. J.; TRAHANT, W. J. *Managing the change process*. New York: McGraw-Hill, 1996.

Capítulo 9

1. FAULKNER, D. *Strategic alliances cooperate to competence*. New York: McGraw-Hill, 1995.

2. SLYWOTZKY, A. J.; MORRISON, D. J. *The profit zone*. New York: Rondom House, 1997.

3. YOSHIMO, M.Y.; RANGAN, S. *Alianças estratégicas*. Boston: Harvard Business School Press, 1995

4. THE AUTO BARON. *Business Week*, 16 nov. 1998.

5. DAIMLER AND CHRYSLER: what the deal would mean? *Business Week*, 18 maio 1998.

6. WHO WILL SURVIVE. *Business Week*, 25 jan. 1999.

7. HONDA. *Business Week*, 5 jul. 1999.

BIBLIOGRAFIA COMPLEMENTAR

1. ARGYRIS, C. Good communication that blocks learning. *Harvard Business Review*, jul./ago. 1994, p. 77-85.

2. BEER, M. Why change programs don't produce change. *Harvard Business Review*, nov./dez. 1990.

3. BLEEKE, J.; Ernst, D. Is your strategic alliance really a sale? *Harvard Business Review*, jan./fev. 1995.

4. PROCTER AND GAMBLE SIMPLIFIES. *Business Week*, 9 set. 1996, p. 56-61.

5. DUCK, J. Managing changes: art of balancing. *Harvard Business Review*, nov./dez. 1993.

6. DUMAINE, B. Pay off from the new management. *Fortune*, dez. 1993, p. 103-110.

7. GARVIN, D. A. Leveraging process for strategic advantage. *Harvard Business Review*, out. 1995.

8. HAMMONDS, K. Changing but not happy about it. *Business Week*, 20 set. 1993.

9. VALUES MAKE THE COMPANY. An interview with Robert Haas. *Harvard Business Review*, set.-out. 1990.

10. HOWARD, R. The CEO as organizational architect: an interview with Xerox's Paul Allaire. *Harvard Business Review*, set./out. 1992, p. 106-121.

11. KANTER, R. M. Collaborative advantage: the art of alliance. *Harvard Business Review*, jul./ago. 1994.

12. MIZUNO, S. *Management for quality improvement*. Massachussets: Productivity Press, 1988.

13. PEARSON, A. E. Corporation redemption and the seven deadly sins. *Harvard Business Review*, maio/jun. 1992.

14. PROKESH, S. Mastering chaos at the high-technology frontier. *Harvard Business Review*, nov./dez. 1993.

15. RAYPORT, J. F.; SVIOKLA, J. Exploit the virtual value chain. *Harvard Business Review*, nov./dez. 1995.

16. ROTHSTEIN, L. R. The empowerment effort that came undone. *Harvard Business Review*, jan./fev. 1995.

17. SABÓIA LOPES FILHO, L. Como tornar sua empresa competitiva e globalizada. São Paulo: Makron Books, 2000.

18. SCHARES, G. E. Percy Barnevik's global crusade. *Business Week*, 22 out. 1993 (entrevista), p. 204-211.

19. SMART, T. Ge's brave new world. *Business Week*, 8 nov. 1993.

20. STEWART, T. Reengineering: the hot new managing tool. *Fortune*, 23 ago. 1993, p. 41-48.

21. STRATFORD, S. A master class in radical change. *Fortune*, 13 dez. 1993, p. 83.

22. SCHONBERGER, R. J. *Fabricação classe universal*. São Paulo: Pioneira, 1989.

23. WALTON, M. *Método Deming na prática*. Rio de Janeiro: Campus, 1992

Impresso por

EGB
Editora Gráfica Bernardi Ltda

Tel/Fax: (11) 6422-6459 / (11) 6422-7248
E-mail: egb@egb.com.br
www.egb.com.br